LE CHÂTEAU DE MES SŒURS

Les Pérégrines : un nom en hommage au roman éponyme de Jeanne Bourin, historienne et romancière, grand-mère et figure d'inspiration d'Aude Chevrillon, la directrice de la maison.
Notre ambition : vous proposer un voyage intellectuel en publiant des textes toujours pertinents, souvent impertinents, qui, par des voix fortes et hardies, des plumes belles et singulières, observent le monde par différentes fenêtres, nous amènent à faire un pas de côté, nous poussent à mieux appréhender l'autre, l'étrangeté, la diversité, nous livrent des trajectoires inspirantes pour dessiner une société plus humaine.

GENRE !

Lorsqu'on dit à quelqu'un, en langage familier, qu'il ou elle fait « genre », on lui signifie que l'on a compris que l'apparence qu'il ou elle se donne, les pratiques qu'il ou elle revendique relèvent d'une construction plus ou moins consciente, qui s'inscrit dans un rapport de pouvoir.
« ***GENRE !*** », c'est un cri de guerre, une démarche de défiance critique, un laboratoire d'idées et d'explorations inédites où se mêlent recherches et témoignages.

Ouvrage publié en collaboration avec Emmanuel Clerc
Conception graphique et couverture : Lia Pradal
Photographie de couverture : Gunnar Smoliansky, Södermalm, 1959
Mise en page : Flora Monnin

Éditions Les Pérégrines
21, rue Trousseau 75011 Paris
www·editionslesperegrines.fr

BLANCHE LERIDON

LE CHÂTEAU DE MES SŒURS

DES BRONTË AUX KARDASHIAN, ENQUÊTE SUR LES FRATRIES FÉMININES

GENRE!

De la même autrice

Odyssées ordinaires. Le matin, mode d'emploi, Bouquins, 2022

Aux miennes, à celle de Shakespeare
et à Internet.

AVANT-PROPOS
LE MOT MANQUANT

On dit souvent de la langue française qu'elle est l'une des langues les plus riches. Son vocabulaire permettrait une infinité de subtilités et de nuances que beaucoup d'autres langues nous envieraient. Belinda Cannone et Christian Doumet, sans contredire cette assertion, en ont néanmoins démontré les limites. Dans leur *Dictionnaire des mots manquants* (2016), ils invitent une quarantaine d'auteurs à recenser les lacunes de la langue afin de constituer une stimulante « cartographie des absences ».

Ce sentiment du mot manquant m'a toujours obsédée. Deuxième née d'une famille de trois filles, je suis, dans la limite de ce que prévoit le dictionnaire, la cadette de ma *fratrie*. Cette imprécision langagière, l'utilisation aléatoire de ce vocable faussement neutre, a toujours heurté mon goût pour l'exactitude et la précision des mots (*mal nommer les choses...* vous connaissez la suite). La fratrie, dérivée du latin *frater*, « frère », devait donc indistinctement désigner toutes les combinaisons possibles. Trois sœurs et un frère, comme quatre frères et une sœur ou quatre sœurs tout court forment, invariablement, une fratrie. Prise en flagrant délit d'omission, la langue qui se prévaut d'une infinie richesse est, une fois encore, mise en défaut.

Cette absence me semblait d'autant plus incompréhensible que les exemples, héroïques et ordinaires, gravitaient autour de moi, forgeant cet imaginaire peuplé de modèles fictifs ou familiers auxquels mes sœurs et moi nous assimilions par jeu, par conviction ou par passion. Des sœurs March aux sœurs Brontë, en passant par les sœurs Halliwell (héroïnes de la série *Charmed* qui marquèrent durablement notre enfance) ou, plus tard, celles des œuvres de Tchekhov, Jane Austen ou Jacques Demy. Madeleine de Fleurville admirant sa grande sœur Camille, Solange trouvant sa place dans l'ombre de Beyoncé Knowles, Mary-Kate Olsen renonçant, à trente-deux ans, à adopter la même coupe de cheveux que sa jumelle, Ashley. Des sept Pléiades antiques aux cinq sœurs Kardashian, des neuf muses, filles de Zeus, à Kate et Pippa Middleton, les phénomènes se succèdent, marqueurs de leur époque mais échappant à toute définition. Il y a là, entre elles, quelque chose qui se joue, quelque chose de singulier, mais quelque chose qui n'a pas de nom.

Un mot qui manque et, en écho, des sœurs qui manquent aussi. Celle d'Annie Ernaux, décédée huit ans avant sa naissance et dont la disparition, comme on l'apprend dans *L'Autre Fille*, nourrira sa vocation d'écrivaine[1]. Les sœurs Nardal, pionnières du mouvement de la négritude dans la France des années 1930, et pourtant effacées des livres d'histoire. Hélène de Beauvoir, Vanessa Bell, Henriette

---

1 « Je n'écris pas parce que tu es morte. Tu es morte pour que j'écrive, ça fait une grande différence. » (Annie Ernaux, *L'Autre Fille*, Gallimard, 2023.)

Bourgeois et toutes ces « sœurs de » injustement invisibilisées, que je tenterai ici d'exhumer.

En cherchant dans des dictionnaires longtemps récalcitrants, on trouve bien un mot qui s'en rapproche : celui de sororité. Un mot malmené par l'histoire mais que notre époque semble – enfin – réhabiliter[2]. Porté par un féminisme triomphant mais toujours précaire, il est désormais dans les livres, sur les scènes de théâtre, dans les salles obscures, sur les murs de nos rues. Avec, au fond, une certaine incohérence. Il n'y aurait pas de fraternité sans fratrie, mais il y a bien une sororité, comme amputée de son état antérieur, primitif. Le procès en barbarisme qui lui est régulièrement infligé tient en partie à cette absence. Tâchons ici de mieux définir le mot qui manque, pour conforter celui qui, tant bien que mal, se défend.

Ce *mot manquant* manque d'autant plus que mon « état » (je ne crois pas que l'on puisse parler d'une « fonction » et je n'aime pas l'idée de « statut ») de sœur est constitutif de mon identité, bien plus, je crois, que beaucoup d'éléments qui figurent à l'état civil. Et ma position de cadette l'est sûrement tout autant. L'un et l'autre ont forgé ma personnalité, mes goûts, expliquent mes comportements, mes inhibitions. Ma timidité maladive jusqu'à un âge avancé envers les garçons, l'exercice du partage (des parents aux vêtements sans oublier les plus encombrantes névroses), celui de la promiscuité, les longs trajets en voiture, serrées sur la banquette arrière, les chambres que l'on occupe à

2 Voir à ce sujet les livres de Chloé Delaume, et notamment *Sororité*, ouvrage collectif qu'elle a coordonné pour les éditions Points (2021).

deux ou trois, à contre-cœur d'abord, mais que l'on répugne finalement à quitter. Être sœur vous façonne, vous stimule et vous prépare – premier rapport à l'altérité, là où beaucoup ne voudraient voir que du même. *C'est fou comme tu ressembles à ta sœur.*

Si le mot manque, il est relativement aisé d'en déterminer les causes. Une fratrie uniquement féminine a longtemps été considérée comme une forme d'échec, une anomalie de la nature. Dans des sociétés largement patrilinéaires, la descendance passe d'abord par le fils. Alors, à quoi bon nommer ce qui ne devrait pas advenir ? « Vous avez des enfants ? demande le monsieur. — Non, dit mon père. J'ai deux filles », écrit Camille Laurens dans son roman *Fille*, évoquant la déception paternelle à l'égard d'une progéniture inaboutie car privée du genre masculin. Des récits, des déceptions, que l'on retrouve aussi bien chez Gisèle Halimi que chez Simone de Beauvoir ou Louise Bourgeois, trois figures tutélaires du féminisme contemporain mais aussi – d'abord – trois sœurs.

Si nos démocraties occidentales ont largement évolué depuis le temps des lois saliques, de nombreux pays demeurent adeptes de ce que les démographes appellent la « préférence masculine », une vision du monde et des sexes qui conduit au contrôle des naissances, aux avortements sélectifs, infanticides et mauvais traitements, en Chine, en Inde ou dans d'autres pays où le phénomène est moins connu mais tout aussi préoccupant, comme l'Arménie. Au mot manquant s'ajoute donc une réalité autrement plus dramatique, celle des « femmes manquantes », soit le déficit de naissances féminines dans certaines régions du monde, réalité toujours à l'œuvre aujourd'hui, en dépit de la levée d'un certain nombre de législations mortifères. La permanence des systèmes de dots dans certains pays stigmatise encore davantage les fratries féminines, qui représentent des fardeaux économiques colossaux pour leurs familles.

Peur des fratries féminines mais peur aussi de ce mot de sœur qui, au pluriel, est toujours brandi comme l'étendard furieux des combats féministes. « Pour danser dans la rue / Pour la peur de s'embrasser / Pour ma sœur, ta sœur, nos sœurs », scande *Baraye*, chanson iranienne devenue l'hymne du mouvement révolutionnaire Femmes, vie, liberté.

À défaut d'inventer un mot, ce livre propose une plongée dans l'univers qu'il devrait désigner. Un univers à la fois domestique et familier, magique et mystérieux, bien plus politique qu'on ne le pense, et lesté de représentations millénaires dont on retrouve toujours la trace aujourd'hui. Dans *La Gloire de mon père*, premier tome de ses *Souvenirs d'enfance*, Marcel Pagnol définit l'entreprise littéraire dans laquelle il s'engage comme « une petite chanson de piété filiale ». *Le château de mes sœurs* en est le lointain dérivé, ma petite chanson de piété sororale. Il est une forme d'archéologie de la sororité, un retour aux prémices du féminisme. C'est aussi sa vocation, apporter une modeste contribution aux réflexions et récits féministes de notre temps. Il ne poursuit aucune visée essentialiste et ne prétend pas décrire un état « naturel », ni son pendant sociologique, construit. Il propose plutôt une traversée de cet univers, ses réalités et ses mythes, en tentant d'aborder la solidarité féminine sous un angle inexploré. Mes bien chères sœurs, autant que mes biens chers frères, sont les bienvenues dans cette épopée.

INTRODUCTION
BEBE ET SES SŒURS

Au départ, il y a cette photo ratée que vous ne verrez jamais. En août 1974, Nicholas Nixon photographie son épouse, Bebe, et ses trois sœurs : Heather, Laurie et Mimi Brown. Bebe, l'aînée, a vingt-quatre ans. Mimi, la plus jeune, en a seulement quatorze. Pour Nixon, fraîchement diplômé de photographie à l'université du Nouveau-Mexique, le cliché des sœurs Brown est loupé. Contrarié, il se débarrasse des négatifs. Un an plus tard, en juillet 1975, les quatre sœurs sont à nouveau réunies et Nixon, déterminé à produire un cliché correct, réitère l'exercice. Le résultat est, semble-t-il, plus concluant. Ce qui le pousse à retenter une nouvelle fois l'expérience, en juin 1976, lors de la cérémonie de remise de diplôme de Laurie. Là encore, le résultat convainc. Un pacte est alors scellé entre le photographe new-yorkais et ses quatre modèles. Chaque année, Nixon capturera un portrait groupé en noir et blanc des quatre sœurs, suivant deux règles simples : elles apparaîtront toujours dans le même ordre – de gauche à droite, Heather, Mimi, Bebe et Laurie – et seule une image par an sera retenue et conservée, selon une décision collégiale entre les cinq protagonistes. Le cliché raté de 1974 devait en susciter quarante-cinq autres (la pandémie de Covid-19 ayant momentanément interrompu l'exercice en 2020), formant ce qui est peut-être l'une des œuvres photographiques les plus énigmatiques, les plus tendres et les plus envoûtantes de ces dernières décennies.

Si le procédé sériel utilisé par Nixon n'a rien de révolutionnaire (l'artiste franco-polonais Roman Opałka s'est, par exemple, photographié pendant des années selon un même protocole), sa composition a quelque chose de fascinant. Plus que l'évolution de chacune des modèles au cours du temps, c'est la dynamique entre les quatre sœurs qui rend la série si forte et singulière. On ne scrute ni le vieillissement, ni l'apparition des rides ou le tassement de la peau. L'évolution physique importe en réalité assez peu, elle est même tout à fait secondaire, éclipsée par ce qui se joue de fusionnel entre les quatre filles Brown. Elles ne se regardent pratiquement pas (à de rares exceptions près, elles scrutent toujours l'objectif) et aucune description ou commentaire biographique ne vient alourdir les photos, mais quelque chose de magnétique, de captivant, se noue sous nos yeux.

Hasard de la géographie, la première (et seule à ce jour) rétrospective de Nixon en France s'est tenue en 2022 à Toulouse – où mes sœurs et moi avons grandi –, dans la galerie du Château d'eau. Elle a ravivé mon envie tenace, longtemps retenue, d'écrire sur ces fratries féminines insaisissables. Comme si les sœurs des photographies de Nixon avaient fait resurgir toutes les autres.

À cette époque d'ailleurs, je vois des sœurs partout. Le concept de sororité investit le langage courant. De néologisme obscur et répudié, il devient emblème, porté par des voix comme celle de Chloé Delaume, qui, par ses écrits, achève cette entreprise de « qualification » que Benoîte Groult avait entamée un demi-siècle plus tôt dans *Ainsi soit-elle* (1975), quand elle déclarait vouloir écrire « le livre de l'amitié [...] ou plutôt le livre de ce qui n'existe pas encore, d'un sentiment et d'un mot qui ne sont même pas dans le dictionnaire et qu'il faut bien appeler, faute de mieux, la "fraternité féminine" ». Si la « fraternité féminine » n'a pas son nom propre, les « fratries féminines » n'en ont pas davantage[1]. Les évolutions terminologiques seront plus favorables à la première qu'aux secondes. Contemporain de Groult, le Mouvement de libération des femmes (MLF) réhabilite cette notion de sororité, dans la droite lignée d'une tradition féministe américaine qui avait fait de son équivalent anglais, *sisterhood*, son slogan[2]. Il y a donc un mot, mais un mot fragile, contesté, tangent. Le *Dictionnaire de l'Académie française* tarde à le reconnaître, tout un courant du féminisme contemporain s'en éloigne, lui préférant « adelphité[3] », présumé plus inclusif. Et nombreux sont les épisodes dans l'histoire où ce mot est retombé en désuétude, de son intronisation dans la

1 L'historien Didier Lett propose de parler de « sororie » : « Il convient en effet de remettre en cause la très forte masculinisation des termes usités, sous couvert de neutralité ; il nous paraît ainsi particulièrement délicat d'utiliser "fratrie" pour désigner un ensemble de sœurs. Nous lui préférons, quant à nous, le terme de "sororie". » (« Les fratries dans l'histoire », *Informations sociales*, vol. 173, n° 5, 2012.)

2 En particulier après la parution de *Sisterhood is Powerful: An anthology of writings from the Women's Liberation Movement* (dirigé par Robin Morgan, Vintage Books, 1970) dont je reparlerai dans mon dernier chapitre.

3 Le terme « adelphité » vient du grec *adelphos*, signifiant « né de la même matrice », et a été introduit en France par l'autrice féministe Florence Montreynaud. En 2018, le Haut Conseil à l'Égalité entre les femmes et les hommes suggère de remplacer « fraternité » dans la devise républicaine par « adelphité » ou « solidarité ».

langue par Rabelais – qui, dans son *Tiers Livre* paru en 1546, évoquait par là une communauté de femmes – aux courants féministes postrévolutionnaires qui en firent leur devise. Il y a donc un mot précaire, dont la précarité tient notamment au grand vide qui le précède. Cette brève histoire lexicale rappelle la fragilité comme l'importance de ces termes sommés de combattre pour survivre. Renforcer la sororité en définissant son insaisissable aïeule, tel est mon château en Espagne, ce château pour mes sœurs.

Sans histoire

L'examen approfondi et nuancé des relations entre sœurs est empêché par deux présupposés au moins, dont souffrent aussi, nous le verrons, les relations entre femmes tout court. Comprendre les stéréotypes, les brimades et les empêchements qu'ont subis les premières permettra, j'en suis convaincue, de mieux saisir les difficultés des secondes à *faire nous*. Le premier, c'est l'enfermement de ces relations dans des logiques de rivalités, de chamailleries et de jalousies, comme condamnées à rester cantonnées dans l'univers de l'enfance, inséparables d'une forme de superficialité puérile. Pas de Cendrillon sans Javotte ou Anastasie. Il faut bien deux sœurs pour se disputer un roi, et l'une ne peut évoluer que dans l'ombre de l'autre. Loin de ces querelles superficielles auxquelles on les réduit par incompréhension ou paresse, ces relations révèlent quelque chose de l'intime, et débordent de richesses, de nuances et, souvent aussi, de contradictions et d'ambivalence. Ambivalence des sentiments qu'elles procurent. Ambivalence des sentiments qu'elles suscitent. Et toutes celles qui ont essayé d'y accoler des mots se sont heurtées aux limites d'une langue décidément défaillante. Le deuxième présupposé, c'est l'écrasement présumé des relations entre sœurs par le lien maternel, perçu comme primordial et tout-puissant. On mesure ce poids lorsqu'on s'intéresse aux travaux de psychologie ou de psychanalyse, qui ont largement exploré le rapport mère/fille (et père/fille, évidemment), au détriment des relations qui se nouent à l'intérieur des fratries. Si la relation à la mère est évidemment matricielle dans la construction des filles, elle a quelque chose de vertical et de hiérarchique qui la rend sinon plus normée, au moins plus lisible et figée. Au contraire, les relations entre sœurs, horizontales et toujours mouvantes, évoluent tout au long de la vie. On n'est plus sœurs à trente ans comme on l'était à sept ou comme on le sera à soixante.

Comme l'explique l'historien spécialiste des liens entre frères et sœurs Didier Lett, l'analyse des relations entre sœurs est doublement escamotée, par le primat du lien parent-enfant d'abord (il faut attendre le début des années 1990 pour voir les deux premiers ouvrages collectifs sur les frères et sœurs), par l'intérêt beaucoup plus prononcé pour les liens entre frères ensuite. Encore aujourd'hui, indépendamment du sexe, il est très difficile de faire émerger une histoire affective et émotionnelle de ces fratries[4].

4 « L'intérêt des historiens pour les sœurs a été moins fort que celui porté aux frères et [...] rares sont encore les démarches de genre pour appréhender les liens adelphiques. [...] Comme de très nombreux chercheurs en sciences sociales, les historiens ayant travaillé sur la famille et la parenté, ont été, dans un premier temps, profondément influencés par l'anthropologie structurale des années 1960-1970 et se sont prioritairement intéressés aux relations verticales entre parents et enfants. » (Didier Lett, « L'histoire des frères et des sœurs », *Actualité de la recherche*, n° 34, 2011, p. 182-202.)

Les petites filles et leurs modèles

À défaut du mot et de l'histoire, il y aura d'abord les images. Celles de Nixon et toutes les autres. Celles de mes propres sœurs aussi. En me replongeant dans les archives photographiques de notre enfance, j'ai redécouvert une atmosphère très éloignée de la sobriété magnétique des sœurs Brown. Les trois petites filles, que quelques années seulement séparent, exhibaient, dans un chaos de gestes, de couleurs et de boucles, leurs chevelures châtain, blonde et rousse (une variété capillaire dont j'ai longtemps tiré une étrange fierté). Parfois assorties, le plus souvent dépareillées, nos allures débraillées, nos déguisements improbables et nos postures indociles (les miennes, surtout) contrastaient avec la tendre élégance qui semble n'avoir jamais quitté, en quarante-cinq ans, Bebe, Heather, Laurie et Mimi Brown. Loin des ribambelles graciles qui défilaient sur nos livres illustrés, notre fratrie évoquait quelque chose de bordélique mais joyeux, parfois ordonné par accident ou par contrainte, le plus souvent agité parce que libre.

Un ouvrage en particulier m'a fait prendre conscience de ce décalage : l'édition des *Petites Filles modèles* de la comtesse de Ségur, illustrée par André Pécoud (à qui l'on doit aussi de très belles versions des *Quatre Filles du docteur March*). Les dessins de Pécoud, omniprésents dans la littérature jeunesse du xxe siècle, ont marqué l'imaginaire de mon enfance. Chez lui, les petites filles sont fidèles aux promesses portées par le titre de l'ouvrage de Sophie Rostopchine[5] : parfaitement assorties, leurs chaussettes blanches immaculées

5 Véritable nom de la comtesse de Ségur.

remontées jusqu'aux genoux, leurs robes légères, leurs joues bien roses et leurs chevelures toujours impeccables. Il ressort de ces images une immense douceur, et en même temps un odieux mensonge. L'assimilation des fratries féminines aux *petites filles modèles* est un dangereux mirage, que la fiction (sous toutes ses formes) a bien longtemps entretenu. Comme si le féminin prémunissait contre les taches, les blessures de cour de récré ou le mauvais goût. Qui imagine un ourlet défait ou un cheveu qui dépasse chez l'une des demoiselles de Rochefort ? Les mollets couverts de bleus, incapable de retenir mes cheveux frisés dans une queue de cheval présentable, l'œil gauche larmoyant sans arrêt, je peinais, enfant, à me retrouver dans ce portrait. Plus tard, ces petites filles modèles deviendraient de grandes femmes parfaites, comme l'a démontré Mona Chollet dans son livre *Beauté fatale* (2012).

L'injonction à la perfection pèse sur le féminin dès la petite enfance. Et le nombre est son puissant allié : sans un double auquel vous comparer, l'imperfection se fait plus discrète, recevable. Plus les fratries s'élargissent, plus les choses se gâtent. Ainsi des cinq sœurs Bennet chez Jane Austen, dont les romans succédèrent à ceux de la comtesse de Ségur dans la bibliothèque familiale. Échouant systématiquement au test de Bechdel[6], les héroïnes d'*Orgueil et préjugés* souffraient du fait d'être

6 Le test dit de Bechdel-Wallace, nommé d'après la dessinatrice de bande dessinée américaine Alison Bechdel qui l'a mis au point, vise à mettre en évidence la surreprésentation de protagonistes masculins ou la sous-représentation de personnages féminins dans une œuvre de fiction. Pour réussir le test, une œuvre de fiction doit réunir deux protagonistes femmes ayant une conversation de plus de soixante secondes dont l'objet n'est pas un homme.

plusieurs (il fallait en marier cinq !), ce qui aurait pourtant pu (dû) être leur force.

L'iconographie autour des jeunes filles et de l'enfance a évidemment, depuis Austen et Pécoud, beaucoup évolué. L'année où je découvrais les clichés de Nixon fut celle d'une autre « rencontre » photographique : celle avec l'Irlandais Tom Wood et sa série *Mères, filles, sœurs*. Contrairement aux portraits de son confrère américain, les photos de Wood capturent des anonymes (des mères, des filles et des sœurs, donc), croisées dans les rues de Liverpool et saisies dans leur quotidien : celui de la classe moyenne anglaise des années 1980. Un quotidien emballé dans des anoraks roses, verts et violets, ponctué de coupes de cheveux asymétriques et de looks improbables. Un quotidien au féminin, dont la découverte fut pour moi particulièrement jouissive et salutaire. J'y retrouvais ces mines débraillées, ces glaces qui coulent sur les vêtements, ces couches que l'on change à la hâte, au coin d'une rue. Des mèches de cheveux qui cachent des visages renfrognés, peu disposés à se faire tirer le portrait, des sourires privés d'une ou deux dents, des mères excédées par leur progéniture pléthorique. Tout cela transcendé par la complicité féminine qui imprègne chacun des clichés, sans être jamais manipulée ni mise en scène. Loin de la froide anthropologie sociale qui chercherait à documenter le quotidien des femmes de son époque, Wood parvient à faire avec celles qu'il rencontre au hasard de ses flâneries un exercice aussi envoûtant que celui de Nixon. Mais il va plus loin encore : montrer cette face trop souvent cachée du féminin, celle qui tolère l'imperfection, la gaucherie et le mauvais goût.

Et Wood a même le panache de les mettre au pluriel. Les sœurs qui défilent dans les rues de Liverpool, comme celles – différentes mais complémentaires – fixées par l'objectif de Nixon, ébauchaient les premières et vibrantes sonorités de mon mot manquant.

L'image devait s'enrichir et se préciser à mesure que nous grandissions, mes sœurs et moi. Un reflet laissa une empreinte plus profonde que les autres : celui des sœurs Halliwell, héroïnes de la série américaine *Charmed*[7], diffusée à la télévision de 1998 à 2006. Pour celles et ceux qui ne seraient pas familiers de la série (ou en auraient oublié l'intrigue virtuose), rappelons-en les grandes lignes : Prue, Piper et Phoebe Halliwell sont trois sœurs qui se découvrent sorcières à la mort de leur grand-mère, Penny. Unies par le « pouvoir des trois », elles combattent, depuis leur manoir de San Francisco, démons et autres puissances maléfiques déterminées à subtiliser leurs pouvoirs.

La découverte de *Charmed*, programme phare de *La Trilogie du samedi* sur la chaîne de télévision M6, marqua un tournant dans l'itinéraire d'identification et de construction que nous menions (inconsciemment), mes sœurs et moi. Petites filles aux portes de l'adolescence, nous retrouvions dans les sœurs Halliwell un triptyque similaire au nôtre, qui nous projetait dans un univers autrement plus excitant et désirable que celui de la comtesse de Ségur. Originales et indépendantes, Prue, Piper et Phoebe n'en demeuraient pas moins humaines,

7 Créée par Constance M. Burge et produite par Aaron Spelling.

sujettes aux contrariétés et aux plaisirs du monde terrestre, au premier rang desquels : l'amour. Au-delà des samedis soirs passés à suivre leurs aventures à la télévision, l'assimilation se poursuivait par des jeux de rôle sans fin, dans lesquels nous reproduisions avec toujours plus d'intensité et de sérieux les épisodes les plus mémorables. Par souci d'équité et de justesse, le rôle de Prue, l'aînée, échut naturellement à ma grande sœur, celui de Phoebe, la benjamine, à la plus jeune, tandis que j'incarnais Piper, la cadette, avec un enthousiasme modéré. Lorsque ma cousine nous rendait visite et se joignait à nos jeux, il nous fallait composer avec cette présence surnuméraire (les sœurs Halliwell n'avaient pas de cousine connue ni même d'amie régulière). De bonne grâce, elle incarnait sans rechigner les rôles masculins que nous lui confiions : celui de Leo, l'ange gardien, ou celui des démons, selon la tonalité que nous voulions donner à nos après-midi.Lorsque les jeux progressivement cessèrent, l'assimilation, la projection dans ces « rôles modèles », se poursuivit encore longtemps.

Les sœurs Halliwell n'étaient pas les premières sorcières auxquelles nous étions confrontées : plus tôt, les aventures de Sabrina, l'apprentie sorcière ou les *W.I.T.C.H.* de *Minnie Mag* avaient déjà teinté de leur magie nos imaginaires d'enfants. Les sœurs Halliwell n'étaient pas non plus les premières fratries féminines que nous rencontrions : les quatre filles du docteur March, les trois sœurs Ingalls de *La Petite Maison dans la prairie*, les fratries pléthoriques des romans d'Austen... Toutes nous avaient déjà procuré d'amusants reflets. Beaucoup plus rarement de véritables modèles.

La sœur de Simone

Redécouvrant les *Mémoires d'une jeune fille rangée*, je rencontrai un dernier duo, cette fois bien réel, qui devait raffermir ce lien entre fratries féminines et sororité : celui que formaient Hélène et Simone de Beauvoir. Les travaux d'exégèse autour de l'œuvre de Beauvoir ont toujours accordé une large place au personnage d'Élisabeth Lacoin, surnommée Zaza, la meilleure amie rencontrée à neuf ans au Cours Desir. Ce travail, passionnant et légitime, relègue cependant au second rang la cadette de Simone, qui a pourtant joué un rôle considérable dans son itinéraire intellectuel et féministe. Car avant d'être notre sœur à toutes, Simone de Beauvoir était la grande sœur d'Hélène, sa « complice », sa « sujette », sa « créature ». Dans les tout premiers chapitres des *Mémoires*, je rencontrai ce touchant personnage, qui me fit redécouvrir la trajectoire de son aînée.

Née en 1910, deux ans et demi après Simone, Hélène est une bénédiction pour sa sœur, une déception pour ses parents. « Sa naissance avait déçu car toute la famille désirait un garçon », écrit Beauvoir, qui ne partage pas l'amertume de ses parents. « Je ne vivais pas seule ma condition d'enfant ; j'avais une pareille : ma sœur », et d'ajouter plus loin : « Elle était mon homme lige, mon second, mon double : nous ne pouvions pas nous passer l'une de l'autre. » Beauvoir décrit ensuite comment Hélène, dite « Poupette », deviendra sa première et plus prometteuse élève, éveillant en elle l'envie de devenir professeure : « Je ne concevais pas que l'avenir pût me proposer entreprise plus haute que de façonner un être humain. » Elle explique comment, méticuleusement, elle façonne ce double docile et volontaire. Si le jeune duo n'est pas épargné par la chamaille, il finit toujours par se réconcilier. Il se retrouve surtout ligué contre les autres enfants, méprisés pour leur puérilité et leur bêtise; contre les adultes, leur conservatisme et leur couardise; contre ces *jeunes filles du Cours Desir*, qui rassemblent les tares des premiers comme des seconds.

Quand Simone est séparée d'Hélène pour la première fois, à l'occasion d'un voyage à Villers-sur-Mer, elle se sent «mutilée». Mais l'écrivaine raconte aussi comment sa cadette, qui vécut longtemps dans son ombre, eut du mal à s'épanouir tant cette impression de n'être que le «reflet nécessairement imparfait» de son aînée lui collait à la peau. Elle revient également sur la frayeur partagée de s'aimer moins intensément un jour, d'être séparées par les hommes – perspective longtemps rebutante et impensable pour l'une comme pour l'autre. On assiste à l'émancipation de la plus jeune, aux doutes de son aînée, aux disputes, aux réconciliations, mais aussi et surtout à l'émergence d'un duo qui en inspira beaucoup d'autres. La portée du féminisme de Beauvoir, l'influence qu'il a eu – et qu'il a toujours – sur des générations de femmes, doit s'expliquer, du moins en partie, par cette sororité primordiale. Et peu de témoignages touchent d'aussi près la nature intrinsèque et sensible des relations de sœur à sœur. Rien d'étonnant à ce qu'elles aient dépassé ensuite le seul cadre familial, portant le féminisme sur ses fonts baptismaux.

Dans *Le Deuxième Sexe* (1949), Simone de Beauvoir s'interroge: «En quoi le fait d'être des femmes aura-t-il affecté notre vie ? » Reformulons la question ainsi : en quoi le fait d'*être sœurs* aura-t-il affecté nos vies ? Il a, c'est certain, considérablement modelé la mienne. Reconnaître cet « état » de sœur, comme le qualifie Delaume, c'est offrir une alternative aux seuls rôles de fille, de mère ou d'épouse. Des rôles qui sont indissociables d'une forme d'autorité verticale et traduisent des injonctions sociales encore très présentes aujourd'hui. Ni fille, ni épouse, ni mère, mais sœur ! En raffermissant cette place, qui pourra bien sûr s'émanciper très vite du seul cadre familial, on introduit cette horizontalité libératrice, infiniment plus égalitaire. Si les hommes sont tous frères, avant d'être des pères, des fils et surtout des époux, c'est de cette grande fraternité horizontale qu'ils tirent leur force. Réhabiliter cet état de sœur, c'est aussi, d'une certaine manière, relativiser la toute-puissance de la maternité, la remettre à sa juste place, et proposer des modèles alternatifs d'accomplissement du féminin.

Quelque part entre Nixon, *Charmed*, la comtesse de Ségur et les sœurs de Beauvoir, il doit y avoir, caché et reclus, ce mot introuvable. Dans son cortège, nous croiserons bien d'autres sœurs encore.

1. LES INDÉSIRABLES

Vous avez des enfants ? demande le monsieur.

— Non, dit mon père. J'ai deux filles.

Camille Laurens, *Fille*, 2020

La mémoire sélective a ses raisons que la raison n'ignore qu'un temps. De mes lointains souvenirs d'écolière je garde une image quasi intacte des leçons d'histoire consacrées à l'Ancien Régime. Contrairement au chaos incompréhensible du Moyen Âge – sans parler du grand désordre de la période révolutionnaire –, l'organisation au cordeau de la société d'ordres plaisait à l'élève besogneuse et cartésienne que j'étais. Son agencement était certes profondément inégalitaire, mais on pouvait le modéliser par de rassurants diagrammes ou le condenser dans de solides triangles, autant de formes absolues qui stimulaient joyeusement ma mémoire visuelle. Deux schémas en particulier devaient provoquer chez moi une étonnante persistance rétinienne. Le premier est une large pyramide découpée en trois strates inégales : la base, qui domine numériquement tout le reste, représente le tiers état ; au-dessus, une autre couleur, beaucoup plus discrète quoique despotique, représente la noblesse ; au sommet de la pyramide enfin, la couleur culminante mais néanmoins minoritaire est celle du clergé. Rien ne se mélange ni ne déborde. Facile, dix sur dix garanti au contrôle. L'autre schéma n'est pas géométrique mais il embrasse la même rigueur, la même logique aussi absurde qu'implacable. Il ne s'intéresse plus à l'organisation sociale de l'Ancien Régime mais à sa structure familiale. Trois personnages, qui représentent les trois enfants d'une famille type de la noblesse, sont illustrés par de sympathiques petits dessins. Le premier, l'aîné donc, est celui qui hérite des terres. En tenue de ville, il est affublé d'un parchemin ou d'une clé pour signifier cette filiation domaniale – j'apprendrai plus tard qu'il est l'incarnation de la primogéniture masculine, ou le récipiendaire exclusif du droit d'aînesse, mais je n'en suis pas encore là. Le deuxième est, lui, destiné à l'armée, comme l'atteste son costume militaire. Le dernier, enfin, porte l'habit ecclésiastique et est promis à une carrière dans les ordres. Héritier, soldat, curé. Sous l'Ancien Régime, chacun trouvait sa place, sa singularité, sa trajectoire.

Je me souviens avoir eu de la sympathie et de la peine mêlées pour le benjamin, dont la destinée me paraissait assez injuste et peu enviable. Je me réjouissais de ne pas être née à la place du cadet dans une famille noble du XVIIe siècle, car le maniement des armes ne m'excitait pas davantage. Mais ma compassion à l'égard des trois petits bonshommes, comme ma réflexion, s'arrêtait là. Ce n'est que plus tard que je m'interrogeai : où étaient les filles ? Où aurions-nous été placées, mes sœurs et moi, dans cette organisation qui se prévalait d'une logique impeccable ? La réponse, si l'on file bien sûr l'approche d'un manuel scolaire de CM2, est pourtant très simple : les filles, il fallait les marier. Et plus on en avait, plus l'entreprise matrimoniale s'avérait compliquée. Cette représentation anodine marqua le point de départ d'une réflexion plus vaste sur l'asymétrie qui existe entre frères et sœurs s'agissant du nombre. Les premiers en tirent leur puissance, il fait des secondes un fardeau. Ce n'est pas le féminin en tant que tel qui dérange – le fameux « choix du roi » lui offre une bonne place –, c'est son empire et sa multiplication. La fille, par petites touches, satisfait et réjouit. Majoritaire, elle menace, inquiète et affaiblit. Des cinq sœurs Bennet d'*Orgueil et préjugés*, sommées de trouver des époux pour ne pas sombrer dans la misère et la disgrâce sociale, à celles du film franco-turc *Mustang*, enfermées chez elles pour avoir osé jouer avec des garçons, en passant par les sœurs Lisbon de *Virgin Suicides* – malheureuses, confinées, suicidées – ou *Les Quatre Filles du docteur March* – un brin plus heureuses mais menacées par la même précarité –, toutes les représentations qui me viennent à l'esprit confirment cette assertion : en nombre, le féminin est redouté. Les filles nombreuses sont dangereuses, réprouvées.

Nous sommes évidemment bien loin de la société d'Ancien Régime, et tout aussi loin de l'Angleterre victorienne où primait le système misogyne et patriarcal de l'*entail* – qui excluait les filles de l'héritage des terres et des biens. Je peux dire avec certitude que mes parents n'ont pas vécu nos naissances, celles de mes sœurs et la mienne, comme des déceptions ou des échecs, ni notre genre comme un poids que l'arrivée d'un frère aurait allégé. Beaucoup de fratries féminines ont d'ailleurs réussi à renverser cette tendance, faisant du nombre leur premier allié – l'empire forgé par les sœurs Kardashian en est, pour le XXIe siècle, une illustration aussi éloquente qu'ambivalente : meute féminine redoutable qui ne cesse d'étendre son royaume et de multiplier les excès, jouant avec les codes de la féminité et renouvelant ceux de la dynastie. Mais je suis convaincue que les stéréotypes millénaires dont ont été lestées les fratries de filles expliquent un certain nombre de comportements et de conceptions toujours à l'œuvre aujourd'hui, qui sont autant d'échos à la façon dont les collectifs de femmes – quelles que soient leur organisation ou leur nature – peuvent être perçus voire redoutés. Les travaux d'Elena Gianini Belotti sur le conditionnement dont les petites filles font l'objet bien avant leur naissance en sont un exemple parlant. La permanence de certains comportements à leur égard, de l'éducation à la transmission du patrimoine, en sont autant d'autres. Et si un détour par l'histoire est indispensable pour les appréhender, nous verrons dans ce chapitre que les relents contemporains de cette aversion contre le féminin pluriel ne peuvent être minorés. C'est tout particulièrement le cas lorsque l'on quitte l'Occident pour s'intéresser à des pays d'Asie comme l'Inde ou la Chine.

Quel numéro pour les filles de France ?

À quoi bon nommer l'indésirable ? Et si donner un nom, c'était conférer un pouvoir performatif à la réalité redoutée qu'il décrit ? L'exemple vient toujours d'en haut, alors commençons par le sommet de la pyramide, juste en dessous des soutanes mais bien au-dessus des foules. Le 28 juillet 1728, à Versailles, la cour de France est à la fête.

Marie Leszczyńska, femme de Louis XV, s'apprête à donner naissance à son troisième enfant. Les deux premiers sont des jumelles: Madame et Madame Seconde. On ne leur donnera de prénom qu'à leur dixième anniversaire, à l'occasion de leur baptême religieux. Elles deviendront alors Louise-Élisabeth et Henriette de France. On se contente, pour l'instant, d'un numéro. Après Madame et Madame Seconde arriveront donc Madame Troisième, Madame Quatrième, Madame Cinquième… qu'un jour on appellera Marie-Louise, Adélaïde et Victoire. À la suite de la première double naissance, accueillie avec un enthousiasme relatif par la cour mais une affection sincère par leurs parents, le roi a juré à sa femme que, bientôt, ils auraient un garçon. Un an plus tard, nul n'envisage un autre scénario que celui-ci. Tout le monde s'attend à un héritier. Mais ce mercredi 28 juillet 1728, une autre petite fille voit le jour, Madame Troisième donc. « La consternation est ici générale », indique le premier commissaire de police de la ville de Versailles dans son journal[1]. Les feux d'artifice sont remisés dans les placards, les festivités annulées, la ville de Versailles sombre dans « un très grand chagrin[2] ». Deux filles, pourquoi pas, mais trois, ça commence à faire beaucoup. Heureusement, le couple royal donnera naissance à un petit garçon un an plus tard, assurant à la couronne une descendance masculine, qui demeure néanmoins précaire du fait de l'importante

1 *Journal des règnes de Louis XIV et Louis XV, de l'année 1701 à l'année 1744*, par Pierre Narbonne, premier commissaire de police de la ville de Versailles, recueilli et édité avec introduction et notes par J.-A. Le Roi, A. Durand et Pedone Lauriel, 1866.

2 Jean-Christian Petitfils, *Louis XV*, Perrin, 2014; rééd., 2018.

mortalité infantile de l'époque. Notre petite Marie-Louise, prénommée à la hâte avant de mourir, en fut d'ailleurs la funeste victime, succombant dans une relative indifférence, à seulement quatre ans, à un rhume bénin mal soigné. La déception provoquée par sa naissance a-t-elle joué dans cette négligence de sa santé ? Nul ne le sait, mais les historiens attestent que la mort d'un fils royal provoquait un bien plus grand chagrin que celle des filles de France. Louis XV et son épouse persévérèrent donc pour assurer cette descendance masculine indispensable mais toujours fragile. Ils eurent dix enfants, huit filles et deux fils, dont six filles et un garçon qui atteignirent l'âge adulte.

La « consternation générale » qui frappa Versailles en 1728 n'a rien d'une première. Si l'on balaie rapidement l'histoire de France, elle regorge de naissances royales décevantes car féminines. En 1145, la pourtant toute-puissante Aliénor d'Aquitaine, femme du roi Louis VII, met au monde son premier enfant, après huit années de mariage infécondes. Problème, l'aîné tant attendu n'est pas un dauphin mais une dauphine. Cinq années plus tard, Aliénor tombe à nouveau enceinte, mais le sort joue encore contre le couple royal, et c'est une petite Alix qui voit le jour. Le mariage bat de l'aile, Aliénor veut quitter Louis et elle ne semble pas pouvoir lui offrir une descendance masculine. Sous prétexte de consanguinité, le divorce est prononcé deux ans plus tard, au concile de Beaugency.

Citons enfin, pour clore cette parenthèse historique, les conquêtes et déceptions successives d'Henri VIII, monarque de la dynastie des Tudor, célèbre pour ses six épouses, une à une répudiées, décapitées ou bannies d'Angleterre car incapables de lui donner un héritier. Il fut finalement le père de deux filles, Mary et Elizabeth, et d'un fils, Édouard VI, qui mourut à l'adolescence, laissant régner ses demi-sœurs dans un pays qui, contrairement à la France, concédait aux femmes le droit de gouverner.

Les filles nombreuses sont coûteuses

Pour Louis XV comme pour Aliénor d'Aquitaine ou Henri VIII, ce n'est donc pas tant le féminin qui déçoit que sa répétition. Il existe un moment décisif, redouté, où le féminin singulier devient pluriel et perd alors son attrait. Dès qu'une fratrie de sœurs commence à se forger, que le masculin est absent ou minoritaire, les choses se gâtent. Une tendance particulièrement marquée en France, du fait des règles de succession au trône qui répondent au principe de la primogéniture masculine et façonnent ensuite celles de la société tout entière.

Revenons d'abord sur la mère de toutes ces lois : la loi salique, qui définissait les conditions de succession au trône de France. Rappelons brièvement ce qu'elle prévoit, et la falsification misogyne dont elle a fait l'objet. Lors de sa rédaction entre le IVe et le VIe siècle, il s'agit d'un simple corpus de lois pénales qui attribue des contreparties pécuniaires à tout un tas de litiges, crimes et délits : quelle somme due pour un viol, un meurtre ou une mutilation. Le texte originel n'a donc, au départ, rien à voir avec les règles du trône de France. Seul un article est consacré à la succession des défunts privés de descendance : il prévoit expressément que, s'agissant des terres, « aucune portion n'en échoie aux femmes » et toutes « reviennent au sexe masculin ». C'est huit cents ans plus tard, à la fin du XIVe siècle et face à la possible extinction de la lignée masculine des Capétiens directs, que l'on va exhumer ce vieux texte oublié pour justifier le droit des Valois au trône de France. Comme l'explique l'historienne Éliane Viennot[3], l'article précédemment cité fait alors l'objet d'une lecture volontairement falsifiée, où « terre » est remplacé par « règne ». On érige sur cette base une loi successorale absolue, reconnue comme la « première loi fondamentale de l'État », qui écarte durablement les femmes de la couronne et instaure la primogéniture agnatique, soit la succession exclusive de l'héritier mâle le plus âgé et le plus proche en ligne masculine. Éliane Viennot montre que cette exclusivité du masculin n'avait rien d'inéluctable dans l'histoire de France, puisqu'avant l'exhumation opportuniste de ce vieux texte des femmes pouvaient partager le pouvoir et les responsabilités avec les hommes, notamment lors de la première génération des rois francs. La loi salique sera pourtant raffermie par la révolution française, la Constitution d'octobre 1789 disposant « que le trône est indivisible, que la couronne est héréditaire dans la race régnante, de mâle en mâle, par ordre de primogéniture, à l'exclusion perpétuelle et absolue des femmes et de leur descendance[4] ». Cette loi s'étend très vite à l'ensemble des questions d'héritage et de filiation. Du haut de

3 « L'invention de la loi salique et ses répercussions sur la scène politique de la Renaissance », *in* Capdevilla *et al.* (dir.), *Le genre face aux mutations. Du Moyen Âge au XXe siècle*, PUR, 2003.

4 « Discussion sur l'hérédité de la couronne et l'inviolabilité royale, lors de la séance du 15 septembre 1789 », *Archives parlementaires de 1787 à 1860*, première série (1787-1799), tome VIII (*Du 5 mai 1789 au 15 septembre 1789*), p. 643.

la pyramide jusqu'à sa base s'enracinent ainsi des siècles d'habitudes et de préjugés.

On en retrouve un legs dans le système de dot qui a pu nourrir, dans les familles d'un grand nombre de pays occidentaux et notamment la France, les mêmes appréhensions à la naissance d'une fille. La dot, définie par le code civil comme une contribution que la femme apporte au mari pour supporter les charges du mariage, représentait un poids financier non négligeable pour les familles, poids qui augmentait à mesure que de nouvelles petites filles naissaient[5]. Ayant reçu leur part lors de leur mariage, les filles étaient ainsi fréquemment exclues de tout accès à l'héritage. Comme le rappelle Didier Lett, le principe de « l'exclusion pour cause de dot[6] » est attesté dès le Xe siècle dans les milieux aristocratiques et gagne rapidement les habitudes roturières. Tout au long du Moyen Âge et à l'époque moderne, les pères rappellent ainsi régulièrement dans leurs testaments que leurs filles, ayant déjà perçu leur part en dot, ne sont plus éligibles pour l'héritage. Le régime dotal français, qui ne fut, à mon immense étonnement, abrogé qu'en 1965[7] – même si la pratique avait régressé bien avant cette date –, prévoyait que « les biens apportés par la femme [étaient] inaliénables et insaisissables, et [qu'ils étaient] soumis à l'administration du

5 Florence Laroche-Gisserot, « Pratiques de la dot en France au XIXe siècle », *Annales*, vol. 43, n° 6, 1988, p. 1433-1452.

6 Didier Lett, « Les fratries dans l'histoire », article cité.

7 Par la loi du 13 juillet 1965 portant réforme des régimes matrimoniaux, qui modifie le régime légal du mariage du couple se mariant sans contrat : les femmes peuvent gérer leurs biens propres et exercer une activité professionnelle sans le consentement de leur mari.

mari[8] ». La logique de l'équation est alors d'une terrifiante simplicité : il n'y a, tant que prévaut ce système, aucun intérêt à mettre au monde des filles. Nous verrons un peu plus tard que cette logique est toujours bien présente dans certains pays comme l'Inde, avec des conséquences dramatiques sur les naissances féminines ou les conditions de vie des mères et des filles.

Du (mauvais) côté des petites filles

Qu'en est-il aujourd'hui ? Cette aversion à l'égard de la répétition féminine ne s'est malheureusement pas éteinte avec la royauté ou l'Ancien Régime. Dans *Du côté des petites filles*, ouvrage paru en 1973, Elena Gianini Belotti décrit minutieusement, témoignages et études scientifiques à l'appui, le conditionnement dont les petites filles font l'objet et qui commence avant même leur naissance. Elle décrit notamment les attentes des parents, les déceptions et les espoirs qu'ils projettent sur le sexe de leur enfant. Si le premier-né est une fille, le second *doit* être un garçon. En revanche, un premier garçon n'appelle pas nécessairement le souhait d'un deuxième enfant du sexe opposé. Pour Gianini Belotti, « si deux filles naissent, la seconde est toujours une désillusion ». Et le phénomène s'accentue à mesure que les naissances se multiplient. « Combien de filles ne doivent-elles pas leur naissance à la tentative d'avoir le garçon tant attendu ? » On retrouve cette même idée d'attente déçue dans le roman *Fille* de Camille Laurens lorsqu'elle écrit : « Ce n'est pas seulement

8 Définition de la dot donnée par le Trésor de la langue française informatisé, entrée B. 1., DR. FR.

une fille, c'est une nouvelle fille qu'on leur annonce. Une seconde fille – on préfère ne pas dire "une deuxième" car on n'envisage pas une suite (on a tort). » Et d'ajouter plus loin : « Ta sœur est née avant toi – c'est toi qui, en naissant, lui donnes ce nom de sœur, c'est toi qui vous baptises toutes deux de cet autre nom que fille, de ce nom commun de sœurs (elle n'en veut pas, ni toi ni personne). » Dans *Album*, œuvre de la plasticienne Louise Bourgeois regroupant des archives photographiques commentées par l'artiste, on retrouve une série de portraits la représentant avec ses deux sœurs. « *It was me!* », écrit Bourgeois sous la reproduction d'un cliché d'elle âgée de deux ans et demi, placé dans l'album après le portrait de ses deux aînées. « Vous comprenez bien que mon arrivée fut une grande déception. Ma mère a dû se dire : "Comment vais-je garder mon homme si je lui présente trois filles à la suite ?"[9] »

S'intéressant à la période qui précède la naissance d'un enfant dans un couple, Gianini Belotti évoque également ces innombrables femmes qui, « à la naissance d'une fille, ont supporté et supportent encore le silence ou la commisération manifeste des proches, des parents et amis, le ressentiment et l'hostilité du mari ou des beaux-parents, l'humiliation de s'entendre renvoyer l'impuissance à engendrer des enfants mâles. Innombrables aussi celles qui ont vécu avec souffrance, culpabilité, mépris envers elles-mêmes,

9 En version originale dans l'album : « *So you understand that when I came I was a sharp disappointment and my mother must have thought, "How am I going to keep my man, presenting him with three girls in succession?"* » Voir à ce sujet : Léa Vuong, « Simone de Beauvoir et Louise Bourgeois, la sororité en texte et en image », *Loxias*, n° 69, 2020.

envie pour les autres plus "chanceuses" ou plus "courageuses", l'absurde drame de ne réussir à mettre au monde que des filles ; d'autres, pour le même motif, ont même été répudiées par leur mari ». Gianini Belotti décrit aussi toutes ces femmes qui effectuent d'improbables pèlerinages ou se livrent à toute une série de rituels pour obtenir le fils tant désiré. Elle mentionne le témoignage d'une jeune femme, sœur de quatre autres filles, qui espère ne pas *faire comme sa mère* et confie l'inquiétude de son mari face à ce fâcheux précédent familial, lui qui ne rêve que d'un fils. Édifiantes sont ensuite les « recettes populaires » qu'elle décrit pour deviner ou choisir le sexe du bébé à venir, qui trahissent toutes le désir et l'espoir d'avoir un garçon. Les éléments qui annonceraient la naissance masculine sont tous de nature positive : de l'orgasme qu'aurait la mère au moment de la procréation à la pièce qui tombe du côté face, en passant par le bréchet du poulet (ce petit os en forme de V) dont le plus gros morceau reste dans la main du mari. Sur la naissance elle-même, Gianini Belotti rappelle que l'on attribue aux petites filles les douleurs les plus intenses à l'accouchement.

Du côté des petites filles a été rédigé dans l'Italie des années 1970, et les choses ont incontestablement évolué depuis. Mais il est stupéfiant de voir à quel point certaines croyances et préjugés persistent. On en retrouve d'édifiants reliquats dans les magazines féminins qui continuent, dans les années 2020, de perpétuer ces absurdes conseils. On peut ainsi lire dans les pages de *Biba* que pour avoir un petit garçon « la présence d'un orgasme chez la femme est un bon point, car, ainsi, grâce aux contractions du vagin, les spermatozoïdes [Y] remonteraient encore plus vite [que les X] ». Une théorie basée sur la vélocité supposée des spermatozoïdes Y, là où le X serait, à l'image de ce que l'on attend de la petite fille, plus lent. Plus préoccupant encore, certains pays autorisent aujourd'hui ce dont les sociétés d'Ancien Régime et les couples royaux inféconds n'auraient pas osé rêver : la procréation médicalement assistée (PMA) permettant de choisir le sexe de l'enfant. Proscrites par les réglementations européennes, ces pratiques sont parfaitement légales dans certains pays comme les États-Unis, le Liban ou la Turquie, qui utilisent la technique du diagnostic préimplantatoire (DPI). Si l'on dispose de très peu de statistiques fiables sur le sujet, beaucoup des témoignages et enquêtes auxquels j'ai eu accès, des cliniques américaines aux hôpitaux turcs, évoquent des cas de couples cherchant à avoir un fils. Une enquête du *Figaro* décrivait ainsi un couple de Lyonnais, parents de trois filles, venus sur l'île de Chypre dans l'espoir d'y concevoir un petit garçon – le Nord de l'île, enclave sous administration turque, est une destination privilégiée des Européens désireux de choisir le sexe de leur bébé. Les parents confessaient avoir « été élevés dans le culte qu'un garçon doit compléter la fratrie ». Pour la modique somme de 7400 euros, ils bénéficieront d'une formule tout compris : fécondation *in vitro* avec sélection du genre, billets d'avion et séjour d'une semaine dans un hôtel en pension complète.

Ton pauvre papa

Quand je retrouve Claire pour un café ce matin de novembre, on ne s'est pas vues depuis plusieurs années.

Deuxième d'une fratrie de cinq filles, Claire est la première personne à qui j'ai eu envie de parler en entamant l'écriture de ce livre. Je l'ai rencontrée bien avant mon premier souvenir, sur les bancs d'une école maternelle de la ville où j'ai grandi. Au départ, nos familles se ressemblent. Trois fillettes très rapprochées en âge, les mêmes écarts séparent les aînées des cadettes, nous fréquentons les mêmes classes, amadouons les mêmes maîtresses, partageons les mêmes amies. Mais quand ma fratrie cesse de s'accroître après la naissance de ma petite sœur, la sienne poursuit son irrésistible envolée. En quelques années, de cinq la famille passe à six puis à sept, changement d'échelle symboliquement marqué dans mon imaginaire d'enfant par l'acquisition d'une Renault Espace, véhicule motorisé de sept places avec deux banquettes arrière que possédaient toutes les familles nombreuses de notre quartier.

Claire et ses sœurs, c'est une meute harmonieuse de « perfection même ». Coupes au carré impeccables, tenues assorties, tabliers d'écolières immaculés, sages comme des images. Des déjeuners chez elles le mercredi midi je garde ce souvenir – en partie fantasmé, réécrit sûrement – d'un père qui de ses mains agrandissait sa maison à la naissance de chaque nouvelle fille. Quand je l'interroge sur son rapport au nombre, sur la difficulté à s'émanciper d'un collectif si resserré et si semblable, elle préfère insister sur cette chance inouïe d'avoir toujours quelqu'un près de soi avec qui jouer, sur son univers à elle qu'elle a toujours chéri. Sa passion pour le dessin qu'elle couvait jalousement, sa fureur quand sa petite sœur décida de s'y mettre aussi, et en plus avec talent. Elle évoque aussi cette réaction persistante, presque unanime, quand elle se présente à d'autres comme deuxième d'une fratrie de cinq filles : « Oh ! Ton pauvre papa... » Triste relent d'une histoire qui ne s'est toujours pas remise de sa loi salique. De sa mère qui a élevé cinq filles pendant plus de vingt ans, renonçant à travailler hors de chez elle, on ne dit rien. « Tes parents, ils ont vraiment essayé jusqu'au bout ! » – sous-entendu, d'avoir un garçon – ajoutent avec tact les commentateurs les plus habiles. Pour Claire, être cinq, c'était une force et il n'y a pas de meilleure école pour apprendre la vie en collectif. Ses héroïnes d'enfance, ce ne sont jamais des personnages solitaires et singuliers, mais des groupes de filles auxquelles elle et ses sœurs s'identifient : les *Totally Spies*, les sœurs Halliwell dans *Charmed*, celles de *La Petite Maison dans la prairie...*

Quand je quitte Claire ce matin de novembre, il fait très beau et je respire quelque chose de l'enfance qui n'est pas de la mélancolie mais du plaisir brut, authentique. Aujourd'hui, Claire vit seule sur la côte atlantique. Le matin, elle va se baigner dans l'océan puis boire un café aux halles avec son livre. Elle ne renoncerait à ces moments pour rien au monde, et elle et moi nous retrouvons sur cet attachement farouche à notre indépendance, notre liberté, une forme de solitude heureuse aussi. Cette indépendance et cette solitude ne sont pas le rejet du collectif dans lequel nous avons grandi, bien au contraire. Elles en sont, pour moi, la résultante. La puissance du groupe n'est pas un poids dont on se libère, mais un cadeau qui durablement nous accompagne et nous habite.

Le choix du roi

Revenons à nos filles royales pour aborder le fameux « choix du roi ». Dans son film *Marie-Antoinette*, Sofia Coppola fait dire à Kirsten Dunst, à la naissance de sa première fille : « Pauvre petite, vous n'êtes pas ce que l'on désirait, mais vous n'êtes pas moins chère à mon cœur. Un garçon serait le fils de France, mais vous, Marie-Thérèse, vous êtes à moi. » Une phrase que rapporte également Simone Bertière dans sa biographie de la reine qui fait autorité[10], dans un chapitre au titre éloquent : « Ce n'est qu'une fille ». Rappelons qu'à la naissance de leur premier enfant, Marie-Antoinette et Louis XVI sont mariés depuis huit ans, et que les rumeurs sur l'impuissance du roi, l'infécondité du couple ou les infidélités de la reine vont alors bon train. Heureusement là encore, la reine offre rapidement un petit frère à Marie-Thérèse. Le couple royal se retrouve alors détenteur du tant souhaité « choix du roi », adage populaire ancestral selon lequel la meilleure configuration possible pour des parents consiste à avoir un garçon et une fille (idéalement, un garçon *puis* une fille).

Arrêtons-nous un instant sur cette expression et ses ressorts. Cette idée puise ses origines dans la mythologie grecque, où Héra, déesse de la fécondation et de la maternité, donne naissance à un garçon, Arès, et une fille, Hébé. Une tradition qui se poursuit dans la mythologie celte, avec le roi Arthur et sa demi-sœur, la fée Morgane. Avoir une fille était aussi une opportunité pour les monarques

10 Simone Bertière, *Marie-Antoinette, l'insoumise*, tome 4 des *Reines de France au temps des Bourbons*, éditions de Fallois, 2002.

désireux d'étendre leur empire par le jeu des mariages. Et si l'on sort des fratries royales, ce duo est paré d'avantages pour les heureux parents, quelles que soient l'époque et les circonstances. Comme l'explique Didier Lett, « au sein de la fratrie ancienne, il existe une relation très spécifique, fascinante, fusionnelle, parfois ambiguë et productrice de nombreux mythes et récits : celle qui unit un frère et une sœur[11] ». La valorisation de ce duo tient à plusieurs facteurs : l'absence présumée de concurrence et de rivalité entre une fille et un garçon, promis à des trajectoires totalement différentes, mais aussi le fait qu'ils incarnent « à la fois une relation de l'identité et une relation de la différence absolue, alors que la relation entre germains de même sexe n'a que la première caractéristique et celle entre mari et femme la seconde[12] ».

Les filles nombreuses sont dangereuses

Une idée s'impose ainsi : les filles nombreuses sont dangereuses, indésirables. Le roman de Jane Austen *Orgueil et préjugés*, comme ses adaptations au cinéma, en offre, sous le vernis inoffensif d'une comédie romantique, l'implacable démonstration. Rappelons-en rapidement l'intrigue. Le décor d'abord : celui de la campagne anglaise du XIXe siècle. Les personnages ensuite : les cinq sœurs Bennet et leurs parents, attelés jour et nuit à une seule et unique tâche : marier – comme il se doit – leur progéniture pléthorique. Comptons aussi dans le paysage le riche

11 Didier Lett, « Les fratries dans l'histoire », article cité.

12 Raymond Jamous, *La relation frère-sœur. Parenté et rites chez les Meo de l'Inde du Nord*, éditions de l'EHESS, 1991 (cité dans *ibid.*).

et beau Mr Bingley, qui s'est installé dans le domaine voisin de Netherfield, ses deux sœurs acariâtres, et le fameux Mr Darcy, lui aussi riche et propriétaire, mais d'un abord peu avenant. Ajoutons enfin Mr Collins, ce repoussant cousin qui, selon le principe de l'*entail*, devra hériter de la propriété de Longbourn à la mort de Mr Bennet. Introduit en Angleterre au XIe siècle et aboli en 1925, l'*entail* encadrait les pratiques d'héritage d'une élite foncière qui se sentait alors menacée par l'ascension de nouvelles fortunes issues du commerce. Il poursuit deux objectifs précis : la continuité de la lignée masculine et la préservation des biens fonciers et immobiliers par leur transmission intacte aux descendants directs[13]. Selon l'*entail*, seuls les hommes peuvent hériter des biens immobiliers, et l'héritage ne peut être divisé ni vendu, ni transmis à un enfant illégitime. S'il n'y a pas d'homme parmi les descendants directs du propriétaire, on doit alors chercher du côté des cousins ou des parents éloignés. C'est la situation dans laquelle se trouvent les Bennet.

Revenons donc au livre d'Austen, qui échoue terriblement au test de Bechdel et tourne autour d'une seule et même question : parviendra-t-on à marier les cinq filles, ce fardeau financier qui se démonétise à mesure qu'il vieillit ? L'équation se complexifie si l'on ajoute qu'il ne s'agit pas seulement de bien les marier, mais de les marier dans le bon ordre. L'aînée doit trouver un mari en premier, afin de ne pas défier les convenances ni condamner le reste de

---

13 Marie-Laure Massei-Chamayou, « L'économie successorale dans *Pride and Prejudice* », *XVII-XVIII. Revue de la société d'études anglo-américaines des XVIIe et XVIIIe siècles*, n°63, 2006, p. 99-116.

la progéniture à la disgrâce sociale. *Romcom* avant l'heure, l'histoire des sœurs Bennet se termine bien : on surmonte autant son orgueil que ses préjugés, on se marie et on est très heureux. Le tout grâce à l'assentiment bienveillant d'un père attentif à l'épanouissement de sa progéniture, renonçant à ses considérations financières ou patrimoniales – père dont on peut douter qu'il soit représentatif de l'esprit de l'époque. Elizabeth, l'héroïne, deuxième née et chérie de son père, plus maligne, plus indépendante et intrépide que ses sœurs, n'échappe pourtant pas à la conclusion classique du « ils se marièrent et eurent beaucoup… de bonheur » (l'histoire ne dit pas si ce bonheur contient aussi des enfants, mais cela semble évident).

Un demi-siècle plus tard, on retrouve dans *Les Quatre Filles du docteur March*, de Louisa May Alcott, des dynamiques similaires (à une sœur près). Jo March, la deuxième elle aussi, est l'*alter ego* américain d'Elizabeth Bennet. Même espièglerie, même passion pour la littérature et même insoumission. Son personnage va plus loin encore dans la quête d'émancipation, qui passe en l'occurrence par la création littéraire. Mais il arrive au même point final que celui d'Elizabeth Bennet : Jo voit son manuscrit publié, soit, mais elle trouve avant tout un mari, Friedrich Bhaer. Il n'est pas anodin d'ailleurs que le deuxième tome des *Quatre Filles du docteur March* soit intitulé *Good Wives*, ou *Le docteur March marie ses filles*, en bon français.

Guides romancés à usages multiples, codes de conduite du féminin pluriel plongé dans l'adversité, les romans d'Austen et Alcott ont considérablement façonné nos imaginaires d'enfants et nos mythologies familiales.

Au cours des entretiens que j'ai pu mener avec d'autres fratries féminines, toutes y font référence de façon quasi systématique (avec la série *Charmed*). Nous avions là notre grammaire ou notre bible. La morale qui ressort de ces livres est relativement simple : quand on est une fratrie de sœurs, il faut lutter. Lutter pour éviter de sombrer dans la misère, lutter pour imposer son identité propre dans un ensemble qui vous dépasse et vous confond, lutter bien sûr pour en sortir et pour s'en sortir. Car le maintien dans la fratrie ne pouvait être que transitoire. Le quotidien des sœurs était entièrement tourné vers la préparation de l'après, qui s'incarnait essentiellement dans l'urgence de construire un nouveau foyer, dont vous ne seriez néanmoins jamais maîtresse. Toutes s'érigeaient donc en résistantes ou en guerrières, liées et en même temps déchirées par la fatalité de leur sexe.

Les sœurs March firent, les premières, leur entrée dans nos vies, à mes sœurs et moi. Reflet stimulant et ambivalent à la fois, elles étaient de lointains modèles, dont nous mimions les attitudes avec sérieux et dévotion. Cette fratrie universelle a aussi marqué Simone de Beauvoir, qui écrit dans *Mémoires d'une jeune fille rangée* avoir reconnu son visage et son destin dans celui de Jo et de ses sœurs : « Je m'identifiai passionnément à Jo, l'intellectuelle. Brusque, anguleuse, Jo se perchait pour lire, au faîte des arbres ; elle était bien plus garçonnière et plus hardie que moi ; mais je partageais son horreur de la couture et du ménage, son amour des livres. » Et Beauvoir de conclure plus loin : « Je devins à mes propres yeux un personnage de roman. Toute intrigue romanesque exigeant des obstacles et des échecs, je m'en inventai. » Inspirantes, donc, ces sœurs téméraires qui parviennent à s'extraire de leur condition et de leur destin. Et pourtant, toujours marquées par le poids des normes sociales de leur époque, toujours perçues dans une logique de lutte et dont seul le masculin pourra, *in fine*, sceller le destin. Lorsque les sœurs Bennet prirent le relais (notre mère avait – elle a toujours – une passion pour tout ce qui touche de près ou de loin à l'Angleterre et au XIXe siècle), nous avons trouvé d'autres reflets, mais toujours guidées par ce fil rouge de la détresse et de l'adversité heureuse – état stationnaire auquel toute fratrie de sœurs semblait destinée.

M'intéressant plus tard à la littérature japonaise, je découvrais un autre quatuor sororal marqué des mêmes stigmates : les sœurs Makioka de Jun'ichirō Tanizaki. Sur plus de six cents pages, trois des sœurs tentent désespérément de trouver un mari à la quatrième, l'incasable Yukiko. Cette fresque familiale ancrée dans le Japon du début du XXe siècle dépeint les lourdeurs et le formalisme de la rencontre amoureuse et de sa concrétisation, comme l'ambivalente obsession des femmes de la bonne société japonaise – aussi éduquées soient-elles – pour le mariage et la stabilité. Comme chez les sœurs March et Bennet, l'ordre et le respect des convenances occupent un rôle central : Yukiko, qui est l'avant-dernière de la fratrie, empêche, par son célibat prolongé, les noces de la benjamine Taeko, qui a pourtant trouvé un prétendant. Comme chez leurs consœurs américaines et anglaises, les Makioka sont menacées de précarité financière et de déchéance sociale, la fratrie étant, depuis la mort du père et en l'absence de frère, sujette à une forme d'inéluctable déclassement. Dans ce roman de Tanizaki, qui est aussi l'auteur d'un remarquable essai sur l'esthétique japonaise et son émancipation des codes occidentaux, on voit que les stigmates attachés aux sœurs ont quelque chose de désespérément universel, qu'ils transcendent l'espace et le temps.

Si l'on revient à l'Occident mais que l'on quitte la fiction pour s'intéresser à des fratries bien réelles, on retrouve ces mêmes histoires où la misère, le nombre et la résistance se mêlent. C'est le cas en particulier chez les sœurs Brontë – contemporaines des fictives sœurs Bennet –, filles d'un pasteur pauvre et orphelines de mère, qui vivaient dans le dépouillement le plus total, au cœur des landes hostiles du Yorkshire, toutes mortes avant d'avoir atteint leur quarantième année. Leur quotidien, digne des romans gothiques les plus ténébreux, alterne entre la maladie, le deuil et les tempêtes, comme si le sort et les éléments s'acharnaient plus volontiers sur les foyers féminisés – les sœurs Brontë avaient bien un frère, Branwell, mais sa présence ne suffit pas à contrer la malédiction qui les frappe, et l'histoire ne retiendra d'ailleurs pas son nom[14]. Dans le livre qu'elle leur a consacré[15], Laura El Makki tente de réhabiliter l'image de ces pauvres sœurs, petites femmes devenues fantômes, fantasmes maigres et pâles,

---

14 Il est assez fascinant à ce titre de se pencher sur l'histoire du seul tableau connu représentant les trois sœurs, Charlotte, Emily et Anne, que l'on doit à leur frère Branwell, le portrait dit « à la colonne ». La toile de 1833 a fait l'objet d'analyses qui ont permis de découvrir, sous la peinture et effacé du triple portrait, la figure fantomatique du frère.

15 Laura El Makki, *Les sœurs Brontë. La force d'exister*, Tallandier, 2017.

« tristes demoiselles qui s'habillaient en noir et vivaient une existence "petite et comprimée" ; ces filles réputées vieilles qui n'ont jamais pu éprouver ou aimer le plaisir de la chair ». Pourquoi réduire à si peu celles qui furent les génitrices d'œuvres si remarquables et si vivantes ? Charlotte, Emily et Ann, indissociables les unes des autres tant leurs talents sont mêlés, ne furent pas éduquées dans la perspective de devenir des épouses dévouées, mais des femmes accomplies – moins par choix que par contrainte, la situation financière familiale ne leur permettant pas de prétendre à de belles et lucratives unions. Je reviendrai, dans mon cinquième chapitre, sur le caractère extraordinaire de cette fratrie d'écrivaines, exemple rarissime dans l'histoire de la (grande) littérature mondiale. Mais insistons d'abord ici sur le poids de ces représentations sur nos imaginaires – un imaginaire sépulcral, glauque et tuberculeux, que même Marie-France Pisier, Isabelle Adjani et Isabelle Huppert dans *Les Sœurs Brontë*, film d'André Téchiné sorti en 1979, ne parviendront que partiellement à redorer.

De la loi salique au genre du capital

Chez les Bennet comme chez les March, les Makioka ou les Brontë, la menace qui plane au-dessus des têtes de nos sœurs est toujours celle du dénuement et de la misère. Disons-le simplement, tout est une question d'argent : loi salique, dot, exclusion de l'héritage sont les ennemies tenaces de nos fratries féminines. Tout ça appartient, direz-vous, au passé. Le droit français est aujourd'hui rigoureusement égalitaire et veille à ce qu'aucun héritier ne soit lésé. Nos filles n'ont plus de dot à fournir et jouissent d'une émancipation financière inédite dans l'histoire. L'article 735 du code civil, introduit par Napoléon en 1804, est formel : « Les enfants ou leurs descendants succèdent à leurs père et mère ou autres ascendants, sans distinction de sexe, ni de primogéniture, même s'ils sont issus d'unions différentes. » Filles et garçons ont donc les mêmes droits garantis. Circulez, il n'y a rien à voir.

L'examen minutieux de la situation actuelle pousse malheureusement à nuancer ce réjouissant tableau. Certes, le temps de la pyramide inique de mes livres d'histoire est révolu, mais il a laissé des stigmates profonds, solidement ancrés, en particulier s'agissant des questions d'héritage, qui se conjuguent toujours, y compris en France, au masculin singulier.

L'ouvrage de Céline Bessière et Sibylle Gollac, *Le genre du capital. Comment la famille reproduit les inégalités* (2020), en fait la démonstration. Les deux autrices rappellent qu'en dépit d'une législation apparemment égalitaire, inscrite dans le droit français depuis plus de deux siècles (le code Napoléon, donc), les inégalités d'héritage persistent, et ce au détriment des femmes. L'article du code civil précédemment cité est en réalité constamment contourné par le biais d'arrangements économiques familiaux et de « transactions intimes », comme les qualifient Bessière et Gollac. L'inégalité patrimoniale n'est plus le fait du droit, mais naît dans les replis quotidiens de la famille. Plus sourde et plus lancinante, elle est aussi moins visible et donc plus difficile à combattre. Des lignées masculines continuent à se dessiner, de transferts d'entreprises en héritages de patrimoine et de patronyme. S'accommodant avec le droit et les lignes comptables, dans l'univers feutré des études notariales, des règles formellement égalitaires échouent à endiguer des inégalités bien réelles.

J'emprunterai ici un de leurs exemples les plus éloquents, celui d'une famille de boulangers de Gironde, étudiée au début des années 2000. Marcelle Pilon, boulangère et veuve depuis quinze ans, décide un jour de passer la main. Elle a un fils et trois filles, qui ont tous, à un moment donné, aidé à la boulangerie. Alors que l'on définit les conditions de la succession chez le notaire, il est décidé que la boulangerie et la grande maison attenante reviendront au fils Pierre, les trois filles recevant de leurs côtés quelques biens immobiliers et terrains, qui n'atteignent pas la valeur de l'héritage du fils. Ce dernier leur doit donc, gratuitement, pain et viennoiseries pour compenser la part d'héritage manquante. La mère comptabilise scrupuleusement chaque baguette, croissant, chouquette pour s'assurer de l'égalité entre ses enfants. Le code Napoléon est, dit-on, respecté. Sauf que la succession omet (volontairement ?) quelques détails, et notamment de rappeler que les parents avaient acheté pour leur fils, dans les années 1990, un fonds de pâtisserie, dont la valeur est loin d'être négligeable, et qui permettra au commerce de devenir une boulangerie-pâtisserie, garantissant des bénéfices plus importants. Ce fonds n'a pourtant jamais été intégré aux documents relatifs aux partages patrimoniaux. Ajoutons que si le fils a d'emblée été salarié pour ses activités auprès de ses parents dans la boulangerie, les filles, qui y ont régulièrement travaillé pour « donner un coup de main », n'ont jamais rien reçu ni réclamé. Les trois sœurs ont parfaitement conscience de l'artifice comptable de l'acte notarié, mais « ne veulent pas se fâcher » et ne disent donc rien. Comme l'écrivent les deux autrices, « la bonne entente familiale est ici préservée au nom du maintien de l'entreprise familiale, qui prime sur les considérations de justice entre frère et sœurs ». Les sœurs retiendront qu'il est normal de travailler gratuitement et de manière désintéressée, et d'accumuler du capital scolaire pour occuper un emploi salarié. Le frère, quant à lui, apprendra que tout travail doit être valorisé et rémunéré. Cette stratégie favorable au fils déployée dans l'intimité des familles ne se cantonne pas à l'exemple de nos boulangers girondins. Elle se retrouve, expliquent Bessière et Gollac, dans beaucoup de familles qui ont un patrimoine professionnel à transmettre : agriculteurs, artisans, propriétaires de commerces, industriels ou professions libérales. La figure du « fils préféré » montre ainsi une étonnante permanence, même si ce dernier a de moins bons diplômes que ses sœurs et paraît, au départ, moins apte à la reprise.

Aux monographies familiales s'ajoutent les enquêtes « patrimoine » de l'Insee, qui permettent d'attester le caractère généralisé de cette tendance. Dans l'ensemble des ménages, on observe ainsi des mécaniques et arrangements similaires : les donations et héritages aux fils sont plus souvent des logements avec réserve d'usufruit, les valeurs mobilières et les terres. Les garçons, en particulier les premiers fils, reçoivent prioritairement des biens physiques spécifiques (entreprises, maisons, terres). Les filles, de leur côté, doivent se contenter de compensations, généralement sous forme d'argent.

Tout récemment encore, un article de la *Harvard Business Review* basé sur des travaux de recherche internationaux mettait en évidence la persistance des stéréotypes de genre dans les entreprises familiales, particulièrement marqués au moment de la succession[16]. Pour les autrices, ces entreprises familiales, qui représentent une part importante de l'économie mondiale, sont confrontées à des défis majeurs en matière de succession. Rejoignant la thèse de Bessière et Gollac, elles montrent que la succession masculine persiste encore, et que les filles de la deuxième génération sont moins susceptibles d'être choisies comme successeures ou d'occuper des postes à responsabilité au sein de l'entreprise familiale. Trop souvent marginalisées, les femmes devraient, selon les autrices, y être intégrées de façon beaucoup plus précoce. L'actualité nous offre régulièrement des illustrations de ce phénomène. Dans leur livre *Successions. L'argent, le sang et les larmes* (2022), les deux journalistes Raphaëlle Bacqué et Vanessa Schneider racontent les passionnantes histoires de successions des grandes entreprises françaises, des histoires essentiellement masculines, comme elles le précisent dès leur introduction : « Les récits que vous allez lire sont universels. Ils racontent des patriarches – car il s'agit souvent d'hommes, question d'époque sans doute – qui observent leurs enfants avec un œil particulier : celui

16 Salma Fattoum et Janice Byrne, « Bousculer les stéréotypes de genre dans les entreprises familiales », *Harvard Business Review France*, 29 juin 2023.

du patron évaluant le futur manager. Des fratries qui se déchirent comme chez les Bouygues ou les Gallimard. Des fils préférés et d'autres, inhibés, qui ne se sentent pas à la hauteur. Des filles que l'on a écartées d'emblée. » La série américaine *Succession*, très largement inspirée de la famille Murdoch et de son patriarche, Rupert – magnat des médias australo-américain, parmi les entrepreneurs les plus influents du monde –, montre aussi comment la fille de la fratrie est d'emblée exclue des responsabilités, au profit de ses frères. Les stigmates sont donc toujours aussi visibles aujourd'hui, même si des exceptions, trop rarement, les défient.

La lecture de ces récits a réactivé chez moi des sentiments contraires, qui me taraudent depuis l'adolescence. Bien sûr, je m'indigne face au sort des filles de ces dynasties. Et sans aller jusqu'à elles, c'est un sentiment que je ressens pour toutes les filles lésées, marginalisées ou écartées parce que filles, comme c'était le cas dans la famille Pilon étudiée plus haut. Mais je ne peux m'empêcher, *in fine*, de préférer leur sort à celui de leurs frères. Être exonérée d'emblée de ces responsabilités relève pour moi moins de l'injustice que du soulagement. Je mesure le poids des conditionnements qui déterminent cette lecture, et je suis la première à les déplorer, mais il me faut les confesser pour aller au bout de mon raisonnement. Ma mère nous a souvent répété cette drôle de formule : « En tant que filles, vous avez la chance de pouvoir être *du bon côté*. » Par bon côté, elle voulait dire que nous pouvions, sans entrave ni discrimination, nous engager dans des carrières présumées plus aventureuses, littéraires, artistiques ou créatives. Paradoxalement, nous étions des filles donc nous avions le choix : rien ne nous empêchait sur le papier d'être ingénieures nucléaires ou banquières d'affaires, mais rien ne nous empêchait non plus de devenir autrices, dessinatrices ou chanteuses, ce qui était loin d'être aussi simple pour les garçons, toujours lestés du poids de la responsabilité financière, et donc moins encouragés à embrasser ce type de carrières. Là où les fils avaient un devoir, celui de la transmission et du maintien d'un patrimoine, nous, filles, avions un champ des possibles moins contraint et plus ouvert. Il est évidemment impossible de déterminer avec certitude la façon dont j'aurais réagi si j'avais été la fille « lésée » d'une famille d'industriels ou de boulangers, mais mon intuition est que j'aurais préféré laisser toutes ces histoires aux garçons. Cette émancipation du poids du devoir comme cette croyance à mon droit absolu de pouvoir me ranger *du bon côté* ont eu, sur ma vie d'adulte, des effets majoritairement bénéfiques, et je crois que ce fut le cas pour mes sœurs aussi. Mais l'impensé, ou plutôt le non-dit dans cette réflexion, se logeait dans le présupposé qui rendait cette « liberté de choix » possible, à savoir un mariage hétérosexuel et une responsabilité financière pesant, toujours, sur un mari. Une fois bien installées *du bon côté de la vie*, mais déterminées aussi à ne dépendre de personne pour en jouir, l'équation se grippe et se complexifie. Nous sommes nombreuses encore aujourd'hui à chercher les meilleurs moyens de la résoudre.

Les sœurs manquantes

Faisons un détour loin de la France et de l'Europe, avant de conclure ce premier chapitre. Ce rejet du féminin, qui régresse heureusement dans la majorité des pays occidentaux, perdure encore dans certaines sociétés, notamment en Asie. Ne regardons pas ces phénomènes comme de lointains exotismes, les développements qui précèdent nous montrent à quel point les stigmates envers les filles sont puissants et ancrés, et nous en sommes toujours, dans une certaine mesure, les tristes colporteurs. À l'heure où le droit à l'avortement est menacé dans plusieurs pays du monde, des États comme l'Inde ou la Chine l'ont, jusqu'à une période récente, très largement autorisé afin de contrôler les naissances et de limiter en particulier celles des filles.

Dès les années 1990, l'économiste et philosophe indien Amartya Sen tirait la sonnette d'alarme, avançant le chiffre ahurissant de 100 millions de « femmes manquantes » sur le continent asiatique, résultat de décennies de fœticides massifs, pratiqués notamment par les nouvelles classes moyennes[17]. Pour la Chine, le phénomène est très largement lié à la politique mortifère de l'enfant unique, mise en œuvre entre 1979 et 2015. En Inde, c'est le système de dot qui est en cause, les filles étant assimilées à un fardeau financier et les familles redoublant d'inventivité macabre pour éviter leurs naissances. Des pratiques que le développement économique de ces pays n'a réussi à endiguer que partiellement.

---

17 Amartya Sen, « More than 100 million women are missing », *The New York Review of Books*, 20 décembre 1990.

En Inde, où un vieux dicton hindou professe qu'« élever une fille, c'est comme arroser le jardin de son voisin », les chiffres sont parmi les plus préoccupants. Alors que le ratio normal d'une population est de 100 femmes pour 105 hommes, la population du Pendjab, région du Nord-Ouest du pays, a vu sa proportion de femmes chuter à 85 pour 100 hommes dans les années 2000[18]. En 2018, il manquait 63 millions de femmes en Inde, soit l'équivalent de la population britannique[19]. Des siècles de préjugés sociaux et religieux permettent de comprendre ces écarts. Dans une culture ancestrale où seul le fils hérite des biens et des terres, peut transmettre le nom et assurer les rites funéraires, les filles sont perçues comme d'encombrantes charges improductives, destinées à vivre dans un autre foyer et lestées du lourd poids de leur dot. Si l'infanticide a longtemps été pratiqué, l'arrivée de l'échographie dans le pays à la fin des années 1970 a marqué une nouvelle étape, celle de la banalisation des avortements de fœtus de sexe féminin, avec la complicité d'un corps médical conscient du potentiel lucratif de cette technique et de son développement[20].

La dot reste la pierre angulaire de ce système discriminatoire. Interdite en Inde depuis 1961, elle demeure néanmoins un diktat social important dans le pays. Selon une étude de l'ONG Action India, effectuée à New Delhi au début

---

18 Anne Collet, « Le Pendjab, champion indien de la disparition des filles », *Courrier international*, 3 mars 2006.

19 Shannah Mehidi, « L'Inde "manque" de 63 millions de femmes », *Le Figaro*, 31 janvier 2018.

20 Bénédicte Manier (dir.), *Quand les femmes auront disparu. L'élimination des filles en Inde et en Asie*, La Découverte, 2006 ; rééd., 2008, p. 57-95.

des années 2000, 36 % des femmes se disaient contraintes par leur belle-famille d'avoir un garçon, 36 % attribuaient ce diktat à la société, 24 % à leur mari et 13 % avouaient se sentir elles-mêmes obligées[21]. Les journaux indiens relaient régulièrement les drames de ces jeunes accouchées terrorisées à l'idée de revenir chez elles avec une fille, à tel point que certaines s'enfuient de l'hôpital en kidnappant un bébé garçon. L'échographie, l'avortement sélectif et l'infanticide se doublent de l'infanticide dit « passif », soit la négligence des petites filles, pouvant entraîner la mort. Les statistiques de santé indiennes montrent en effet une surmortalité, au début du siècle, des filles de moins de cinq ans, livrées à elles-mêmes, moins nourries et moins soignées que les garçons. Il y a quelques années encore, des cliniques spécialisées dans l'avortement affichaient des slogans comme : « Dépensez 5 000 roupies maintenant et économisez 500 000 roupies plus tard[22]. » Si la loi interdit désormais ces slogans et que les échographies à but sélectif sont strictement interdites depuis 1994, ces pratiques sont toujours répandues dans le pays. Le manque de moyens d'intervention des autorités, la lenteur de la justice et l'influence du lobby médical empêchent encore tout contrôle massif[23]. Le développement économique et l'élévation du niveau de vie du pays n'ont donc pas permis d'endiguer ce phénomène : les valeurs traditionnelles y conservent leur poids, et si tout monte, le coût de la dot monte inexorablement aussi. Plus

---

21 *Ibid.*

22 *Ibid.*

23 Tout ce passage est nourri de l'article de Béatrice Dehais « Il manque 100 millions de femmes en Asie », *Alternatives économiques*, vol. 245, n° 3, 2006.

le niveau de vie s'élève, plus les couples tiennent à conserver le patrimoine acquis dans leur famille, ce que seule la descendance masculine peut garantir. Selon les données du Bureau national des archives criminelles, environ 7000 femmes auraient été tuées pour des affaires de dot sur la seule année 2020, 1700 autres se seraient suicidées pour les mêmes raisons[24].

Ces stigmates sont plus marqués encore pour les familles appartenant aux minorités indiennes musulmanes, comme l'a montré Éléonore Boissinot dans son documentaire *Les sœurs Pathan* (2023), qui suit le quotidien de Suzain et Sofia, deux sœurs survivantes des pogroms anti-musulmans du Gujarat, dans l'Ouest du pays. Le film de Boissinot montre bien la position délicate d'un père qui, en dépit de l'amour qu'il porte à ses filles, perpétue (malgré lui ?) des siècles de préjugés discriminatoires à l'égard des femmes, en tentant de protéger leur « honneur », le tout dans un contexte économique et social totalement sinistré pour ces populations minoritaires et marginalisées par les autorités nationalistes indiennes. Les Indiennes musulmanes subissent ainsi une terrible double peine, la discrimination basée sur le genre étant doublée d'une discrimination religieuse tout aussi mortifère dans le pays[25].

En Chine, la préférence pour les garçons trouve ses racines dans une structure patriarcale séculaire, que l'on

24 AFP, « Inde : la mort de trois sœurs illustre la violence conjugale liée à la dot », 7 juin 2022.

25 Mihiri Wijetunge, « Les femmes musulmanes en Inde, une double peine ? », Institut du genre en géopolitique, 16 octobre 2023.

peut rapprocher de celle de l'Inde. Les fils ont toujours été investis de la responsabilité de perpétuer la lignée familiale, de préserver le patrimoine, d'assurer les soins aux parents vieillissants et de maintenir le culte des ancêtres. Au début du XXe siècle, l'infanticide des filles, pratiqué dans un contexte de forte fécondité et de pauvreté endémique, avait engendré un excédent marqué de garçons, avant que l'équilibre des sexes se rétablisse dans les années 1950.

Un tournant survint ensuite au début des années 1980, lorsque deux facteurs majeurs favorisèrent la sélection des naissances. Tout d'abord, comme en Inde, l'avènement de l'échographie, conjugué à des avortements sélectifs. Ensuite, la politique dite de l'enfant unique, amorcée dès 1956 et qui prit une orientation plus sévère après 1979, avec le contrôle étroit des grossesses et des avortements coercitifs. Les couples interprétèrent rapidement « enfant unique » comme « garçon unique » : dès 1982, le pays enregistra une proportion de naissances de 107 garçons pour 100 filles, un ratio qui s'accrut à 111 pour 100 en 1989, puis atteignit 117 garçons pour 100 filles en 2000.

La politique draconienne de l'enfant unique fut maintenue jusqu'en 2013, où elle subit un premier assouplissement. Elle fut ensuite remplacée par la politique des « deux enfants », entre 2015 et 2021. Même après la levée de cette dernière en 2021, l'interdiction des échographies et des avortements visant à sélectionner le sexe de l'enfant à naître demeura en vigueur. Cette mesure s'inscrit dans une démarche du Comité central du Parti communiste chinois visant à rétablir un rapport de masculinité à la naissance équilibré, en mettant un terme à l'élimination des fœtus de sexe féminin. Si ce rapport tend à l'équilibre depuis la fin des années 2000, il demeure encore nettement en faveur des hommes, avec 111,3 garçons pour 100 filles à la naissance en 2020. Le célèbre documentaire de Wang Bing *Les Trois Sœurs du Yunnan*[26] (2012) nous montre donc une configuration assez à part, où le père là encore est moins le complice d'un système que sa victime collatérale, attaché qu'il est à l'éducation de ses filles, seule voie de salut pour leur permettre un jour de s'en sortir. Ce film bouleversant, comme celui d'Éléonore Boissinot sur les sœurs Pathan, montre l'extraordinaire complexité de ces phénomènes et les remet à hauteur de parcours individuels. C'est à cette hauteur aussi qu'il faut se placer pour aller au-delà des réalités dramatiques véhiculées par des séries de chiffres désincarnés.

Si les exemples chinois et indien sont bien connus, d'autres pays partagent cette répulsion du féminin et se retrouvent confrontés aux mêmes préjugés et aux mêmes fléaux. C'est le cas notamment de l'Arménie. Un reportage du journal *Libération*[27] décrit le poids – essentiellement financier, une fois encore – des stigmates attachés

---

26 Le documentaire suit trois sœurs, Fenfen, Zhenzhen et Yingying, âgées de quatre, six et dix ans, vivant seules dans un village des montagnes du Yunnan. On suit leur quotidien, leurs activités à la ferme, le rôle de l'aînée en particulier, en l'absence de leur père, parti chercher du travail à la ville. Il a été récompensé à la Mostra de Venise, au Festival international de films de Fribourg et au Festival des trois continents.

27 Blandine Lavignon, « "Ma vie était merveilleuse jusqu'au jour où j'ai appris que j'attendais une fille" : en Arménie, le tabou de l'avortement sélectif », *Libération*, 15 octobre 2023.

aux naissances féminines, et la multiplication des avortements sélectifs dans le pays. Selon une étude de l'Unicef, 93 000 filles n'auront pas vu le jour d'ici 2060 à cause de cette pratique. Le reportage raconte l'histoire de Janna, mère d'une petite Mariam de sept ans, qui confie aux reporters : « Ma vie était merveilleuse… jusqu'au jour où j'ai appris que j'étais enceinte d'une fille. » Sommée par sa belle-famille d'avorter, violentée, poussée par son mari dans les escaliers… Elle subit les pressions de l'entourage, qui rivalise d'inventivité macabre pour éviter la naissance de l'indésirable. Indésirable pour son père, sa famille et la société tout entière, mais désirée par sa mère, qui fit tout pour la garder. Si une législation volontariste tente, depuis le milieu des années 2010, de se ranger du côté des femmes comme Janna, le chemin à parcourir est immense dans un pays où 63,8 % des Arméniennes déclarent regretter de ne pas être des hommes[28].

L'introuvable nous

Comment favoriser la création d'un « nous », quête défendue ardemment par l'ensemble des mouvements féministes, lorsqu'on hérite d'une histoire qui a érigé le nombre, au sein des fratries, en redoutable ennemi du féminin ? Ce « nous »-là fut longtemps l'indémêlable fil d'une histoire féministe empêchée, refoulée parfois par ses protagonistes elles-mêmes, convaincues que leur multiplicité entraînait, fatalement, leur disgrâce. C'est

28 « L'avortement sélectif en Arménie : le choix du garçon », TV5 Monde, 8 mai 2019.

ce qu'écrit Simone de Beauvoir dans *Le Deuxième Sexe*: « Les prolétaires disent "nous". Les Noirs aussi. Se posant comme sujets ils changent en "autres" les bourgeois, les Blancs. Les femmes – sauf en certains congrès qui restent des manifestations abstraites – ne disent pas "nous". » Et d'ajouter plus loin : « Elles vivent dispersées parmi les hommes. »

Dispersées, nous ne le sommes plus autant, et nous verrons dans les prochains chapitres à quel point l'histoire a pu retourner en sa faveur ce paradoxe de la multitude. Mais si cette difficulté à « faire nous » venait en partie de là ? De l'assimilation millénaire des fratries de filles à un fardeau pour leurs familles ? Comment encourager la solidarité entre sœurs lorsque celles-ci sont destinées à se construire et à s'accomplir à l'extérieur de la famille ou du clan ? Comment résoudre l'impossible équation du fardeau féminin intérieur, qui n'allège et ne soulage sa famille que lorsqu'elle s'en dissocie ? La sœur, pendant des siècles, a dû, pour exister et se projeter, se dissocier du collectif familial, là où l'aîné garçon (ou le garçon tout court), en digne héritier, s'accomplissait dans la filiation. Comment les sœurs peuvent-elles « faire fratrie » quand tout les pousse à en sortir ?

2. LES PETITES FILLES MODÈLES

Elles étaient parfaitement heureuses, ces bonnes petites sœurs, et leur maman les aimait tendrement; toutes les personnes qui les connaissaient les aimaient aussi et cherchaient à leur faire plaisir.

La comtesse de Ségur, *Les Petites Filles modèles*, 1858

Les aventures de Camille et Madeleine de Fleurville démarrent par un accident. Les petites filles modèles de la comtesse de Ségur se promènent sagement avec leur bonne Élisa, lorsque la tranquillité de leur balade est perturbée par d'inquiétants bruits de moteur et des cris. À quelques mètres de là, une voiture avec à son bord une dame et sa petite fille gît dans le fossé. Camille, l'aînée et la plus téméraire des sœurs, aide Élisa à sortir l'enfant blessée et sa mère de l'automobile. Madeleine, rattrapée par sa sensibilité, cède à la peur et aux larmes et laisse sa sœur officier, dans un mélange de remords et d'admiration.

Cet épisode inaugural, étonnamment dramatique pour un livre dédié à la jeunesse, pose le cadre de l'histoire et dessine les contours de deux de ses principaux personnages. En dépit des mises en garde de l'autrice, formulées en exergue du roman et selon lesquelles les petites filles modèles « existent bien réellement [...], la preuve en est dans leurs imperfections mêmes », on peine à trouver chez Camille et Madeleine le moindre défaut ou l'amorce d'une « ombre légère ». Parangons de vertu, de courage et d'une bienveillance qui confine parfois à la niaiserie, les deux sœurs ne trahissent jamais leur qualificatif éponyme. Toujours solidaires envers leur jeune voisine Sophie, héroïne récurrente de la comtesse de Ségur dont les imperfections font puissamment ressortir leurs propres qualités, elles évoluent dans un monde où la générosité côtoie sans cesse la tolérance, la grâce, la sensibilité et la retenue. Privées d'espièglerie, vaccinées contre les taches, le mauvais goût et les mauvaises pensées, Camille et Madeleine s'érigent comme deux petits modèles aussi solides qu'inatteignables. Nous sommes en 1858.

Les aventures d'Alexia et Justine démarrent aussi par un accident. Les deux héroïnes du premier long-métrage de Julia Ducournau, *Grave*, sont deux sœurs réunies pour leurs études dans une même école vétérinaire. Le film s'ouvre sur le plan large d'une route départementale désertique et grisâtre, avec, dans le fossé, une voiture accidentée. À ce stade de l'histoire, on ne sait rien des origines de l'accident, ni de l'implication des deux sœurs dans celui-ci. Justine et Alexia, dans une construction narrative aussi zolienne que sadienne, partagent la même faille héréditaire, le même vice congénital qu'elles tiennent de leur mère : le cannibalisme et le goût immodéré du sang. Les accidents de la route sont provoqués par elles, pour assouvir ce désir que la plus jeune, Justine, tente de refouler. Durant plus d'une heure et demie, le spectateur suit l'évolution de cette relation sororale inédite, roman d'apprentissage singeant joyeusement tous les codes du genre. L'aînée, Alexia, enseigne à sa benjamine l'art de la dévoration des chairs, mais aussi celui d'uriner debout, de s'épiler le pubis à la cire ou d'avaler un rein de lapin – rite initiatique auquel elles sont toutes les deux soumises pour leur bizutage d'études de véto. Chez les sœurs de Julia Ducournau, on boit la bière par litres, on rit beaucoup trop fort, on danse, on séduit, on provoque et on mord. Sujet aux mêmes réactions cutanées lorsqu'elles ingèrent de la viande crue, le corps des sœurs est soumis aux allergies purulentes et dissimulé sous des blouses amples couvertes de sang, qui font ressortir la pâleur toujours égale de leur peau. Imaginées, dans la toute première version du film, comme de simples camarades de promotion, les personnages d'Alexia et Justine évolueront lors de l'écriture du scénario, Ducournau expliquant que « tout faisait sens en les rendant sœurs[1] ». Rarement la notion de « sœurs de sang » aura revêtu une dimension si littérale et déroutante. Pour la réalisatrice, ce qu'il y a de plus fort dans l'amour entre sœurs, c'est qu'il est expurgé de toute honte : « C'est un amour fusionnel, dévorant, mais jamais sexuel [...]. C'est comme si on partageait le même corps. On peut roter, pisser ou vomir devant sa sœur[2]. » Nous sommes en 2016.

Un siècle et demi sépare les aventures de Madeleine et Camille de Fleurville de celles des sœurs de Julia Ducournau. Un siècle et demi de déconstruction

1 Coline Fournier, « "Tout faisait sens en les rendant sœurs" : la sororité dans *Grave*, de Julia Ducournau (2016) », King Kong Club, septembre 2022.

2 Timé Zoppé, entretien avec Julia Ducournau, *Trois Couleurs*, 23 avril 2019.

méticuleuse des mythes associés au féminin et des codes qui régissent leur représentation. Un siècle et demi pour, finalement, revenir au point de départ: celui de l'animalité primitive, de l'organique, des fluides, du sang et des larmes. Aujourd'hui pourtant, le modèle Ducournau n'a pas balayé celui de la comtesse. Mais il fallait bien, à un moment donné, tout démolir pour tenter de réinventer une féminité débarassée de sa belle et mensongère docilité. C'est le salubre exercice auquel la jeune cinéaste multi-primée s'est courageusement attelée.

Si j'ouvre ce chapitre par ces deux exemples, c'est parce que l'un et l'autre ont, à des stades très différents de ma vie, bousculé quelque chose. Le premier, dans l'enfance, pour son excessive perfection, le second, à trente ans, pour les limites qu'il franchissait dans le démantèlement des canons sororaux. L'émancipation de ces canons est à la fois salutaire et troublante, jouissive et dérangeante. Car l'héritage de la comtesse de Ségur est lourd et ne s'abîme pas si facilement. Lorsqu'on a passé des années (une presque vie, en réalité) à tenter de s'en approcher, son effondrement – ou du moins sa remise en cause – provoque moins une libération qu'une forme de frustration assortie de culpabilité. Drôle de syndrome de Stockholm, où l'on s'attache à son insaisissable bourreau et surtout à ce qu'il a façonné chez nous. *J'ai mis vingt ans à passer de Sophie à Camille* – la dialectique du vilain petit canard et du cygne – *et on me dit maintenant que tout ça est dépassé?* Bonne élève appliquée, sommée, à mi-parcours, de tout oublier et de tout réapprendre.

Alors que reste-t-il? Après avoir examiné l'un des ressorts du mot manquant dans mon précédent chapitre, il me faut désormais le dépouiller de tous ses préjugés, comme des matriochkas que l'on découvre l'une après l'autre, pour n'en garder qu'une seule, petite mais pleine. Le premier d'entre eux est l'assimilation des fratries féminines aux « petites filles modèles ». Quitte à avoir des filles, maintenons-les dans le cadre idéal et parfaitement codifié d'une féminité douce et docile. Forgeons de petits êtres parfaits, peu encombrants, évoluant dans l'ombre de leurs frères. Des êtres qui, par leur ressemblance et leur proximité, suscitent une drôle de fascination. Si le poids des injonctions séguriennes s'affaiblit progressivement et que des représentations alternatives prennent le dessus, leur héritage perdure. On a grandi avec les sœurs Ingalls, March ou Bennet et leurs univers bien ordonnés, où chacune a sa place, son rôle : de l'aînée courageuse et volontaire à la petite dernière, éternelle enfant espiègle et amusante, et au milieu la cadette, qui ploie sous son *middle child syndrome*. Au-delà de l'assignation identitaire générale, chacune doit rentrer et rester dans sa petite case. Cet ordonnancement rigide est bien loin du joyeux chaos qu'évoquent chez moi ces tablées de filles où l'on parle vite et fort pour s'assurer d'être entendue, où l'on mange tout aussi vite pour s'assurer d'être resservie, le tout dans un vertige de chevelures désassorties, de tenues approximatives et de complicité toujours égale.

Les petites filles modèles figées dans l'enfance par la comtesse deviendront plus tard, dès l'adolescence et durant une courte partie de leur vie d'adulte, de grands objets de désir. Fascination étrange pour la ressemblance, la répétition ou le semblable, qui se manifeste de la simple curiosité jusqu'aux plus dérangeants fantasmes. S'y ajoute parfois une starification, dont certaines sauront tirer parti. Celle qu'exercent les sœurs Kardashian ou les jumelles Mary-Kate et Ashley Olsen dans la culture populaire contemporaine en est une illustration manifeste. Entre innocence, discrétion et érotisation, nos sœurs évoluent toujours dans les eaux troubles d'une féminité collective malmenée.

Les filles de la comtesse

Commençons donc par les figures originelles, celles de Madeleine et Camille de Fleurville, les deux sœurs les plus célèbres de la « Bibliothèque rose », imaginées par la comtesse de Ségur, extravagante Russe blanche née Rostopchine dans les tourments de la Russie du XIXe siècle. Héritières de la pensée éducative rousseauiste et du moralisme de Mme Leprince de Beaumont[3], enfermées dans un ambivalent gynécée – les femmes y sont seules et reines, mais n'envisagent à aucun moment de s'extraire de leur condition –, Madeleine et Camille sont deux sœurs ; mais pour Sophie, contre-modèle malheureux, elles sont deux petites mères, leur éducation étant entièrement tournée vers la compassion et le soin apporté à autrui. Petites mères, aussi, pour toutes leurs jeunes lectrices, qui doivent suivre à la lettre leurs leçons de réserve, de tolérance et de moralité. Tenues impeccables mais sans ostentation, mines réjouies mais sans effusions mal placées, intelligences requises mais contenues : le bréviaire des petites filles modèles repose sur un délicat équilibre. Délicat mais néanmoins solide, puisque les tables de leur Loi résisteront

3 Autrice de *La Belle et la Bête* (1757).

aux grandes évolutions du XXe siècle, comme aux féminismes des première, deuxième, troisième et quatrième générations – combien en faudra-t-il encore pour changer définitivement de registre ? Adaptées au cinéma, en dessin animé ou en bande dessinée, les histoires de Camille et Madeleine figurent aujourd'hui encore dans le panthéon des plus grands récits pour enfants ; entre 1858, date de la première parution du livre, et aujourd'hui, ce sont plus de trente millions d'exemplaires de leurs aventures qui se sont vendus dans le monde entier.

L'enfant des années 1990 qui découvre les aventures de Camille et Madeleine à l'âge de cinq ou six ans peine à trouver chez elles le moindre écho, mais comprendra plus tard l'impact considérable qu'elles eurent sur son éducation. De quel modèle parle-t-on ? Leur abnégation compassée, leur générosité à la limite de la bêtise comme leur empathie maladive en faisaient des êtres éthérés, petites filles obséquieuses, bien plus énervantes qu'inspirantes. Deux siècles plus tard, tout doit pourtant inciter la lectrice à suivre leur voie, afin d'éviter à tout prix les malheurs subis par Sophie, ce petit être de taches et de chair, qui défie l'autorité, écoute son instinct, cède allègrement au péché de gourmandise et renâcle à se mettre au pupitre. S'il fallait choisir, nous serions toutes Sophie, mais la morale nous en éloigne et les exemples illustrés nous en dissuadent. La comtesse de Ségur elle-même était une Sophie, elle était d'ailleurs la première d'entre elles puisqu'elle ne partage pas seulement son prénom, mais également ses mésaventures d'enfance et son mauvais caractère. Mais si la comtesse s'inspire de sa propre jeunesse pour nourrir ses récits, c'est moins par bienveillance à l'égard de la petite fille qu'elle a été que pour démontrer tous les méfaits de ses mauvaises manières juvéniles.

Dans *Du côté des petites filles*, que j'évoquais dans mon chapitre précédent, Elena Gianini Belotti décrit la façon dont les fillettes, dès leurs premières années, intériorisent cette docilité, cette douceur et cette soumission qui font le ciment de leur éducation. Elle raconte avoir assisté au « dressage à la délicatesse » de petites filles à peine nées, qui manifestaient une avidité, une robustesse contraires aux attendus de leur sexe. Elle décrit la façon dont les collectifs de mères qu'elle a suivis durant plusieurs années restreignent « l'hypertonicité » féminine, la seule agressivité tolérée étant celle que l'on attribue à leur genre, « l'auto-agressivité, les pleurs prolongés, l'auto-compassion ». Un des exemples qu'elle donne est particulièrement marquant[4]: celui d'une petite fille précoce, agitée et turbulente, qui marchait avant douze mois et débordait d'énergie et de vitalité, suscitant l'inquiétude de sa mère. Cette dernière, « rigide, tatillonne, perfectionniste », emploie « la manière forte » pour ramener sa fille à un comportement présumé « normal »: la stabilité, la discrétion, la réserve. L'entreprise fonctionne, mais à cinq ans, la petite grince des dents la nuit, « elle s'énerve, elle serre les poings ». À l'école, elle s'isole, parle à voix basse, est prise d'anxiété. Elle vit « dans l'angoisse de dominer ses propres impulsions » et multiplie les « tentatives

4 Exemple rapporté dans le livre par Irène Lézine, psychologue pionnière en France des recherches sur la psychologie de la petite enfance.

désespérées pour se conformer aux demandes maternelles en réprimant le plus possible son caractère très vif ». Comme elle, beaucoup de petites filles sont soumises à ce type d'éducation, à ce refoulement d'un tempérament jugé contre-nature, indésirable. Concernant une autre petite fille aux caractéristiques similaires, Alessia[5], soumise au même « dressage », Belotti s'interroge : « Quelle opération massive de répression faudra-t-il pour qu'un tel individu, débordant de vitalité, d'énergie et d'amour pour la vie, donne une petite femme disposée à rester enfermée entre les quatre murs opprimants de son petit intérieur, prête à consacrer son énergie débordante à la misère obsédante des tâches domestiques ? » Et de poursuivre : « Combien de ténacité, d'efforts, de persévérance et combien d'hostilité faudra-t-il déployer pour réduire un être aussi riche à ce carcan rigide qui passe pour être la féminité ? »

On l'aura compris, le petit garçon déborde, la petite fille contient. Le trop-plein d'énergie chez la fille sera très vite canalisé, réprouvé, corrigé, là où ce même trop-plein sera valorisé chez le garçon. « Tenez-vous droites ! » aurait répété inlassablement, jusque sur son lit de mort, la mère de Virginia Woolf et de Vanessa Bell à ses filles[6]. Le frère au contraire bénéficie d'un droit imprescriptible à la turbulence

---

5 Sa description me rappelle mon propre portrait, enfant : « Elle est ronde, solide, elle a des couleurs, deux jambes courtes et bien plantées, des yeux bleus, vifs et très mobiles, très peu de cheveux. [...] Elle déborde d'énergie et de vitalité, elle est toujours de bonne humeur, rieuse, active, très curieuse, bruyante et vive. »

6 « Il y a ma dernière vision d'elle ; elle mourait. Je suis allée l'embrasser et, alors que je sortais de la pièce, elle m'a dit : "Tiens-toi droite, ma biquette." » (Virginia Woolf, *Instants de vie* [1972], traduit par Colette-Marie Huet, Stock, 1977 ; rééd., 2006.)

et à l'indocilité. *Tiens-toi droite!*: même injonction dans le titre de l'un des livres pour enfants de la célèbre autrice américaine Judy Blum[7], racontant l'histoire de deux sœurs, dont l'une, Demie, est promise à une carrière de mannequin et doit s'astreindre au port étouffant d'un corset.

Pourtant rien, au départ, ne prédestine le petit garçon ou la petite fille à aller vers un comportement plutôt qu'un autre. Tout n'est que construction. Belotti rapporte d'ailleurs des exemples inverses, ceux de petits garçons «doux et soumis», insuffisamment vifs, que l'on pousse «à être plus agressif[s], à avoir davantage l'esprit de compétition», alors qu'on les aurait «[laissés] en paix» s'ils avaient été des filles, leur douceur aurait été valorisée comme correspondant à la norme.

Bien sûr, l'éducation des enfants a, depuis les années 1970 où ce livre a été écrit, beaucoup évolué. L'attention aux stéréotypes de genre est de plus en plus prégnante, et tout un courant d'éducation «non genrée» tend à se défaire d'une dichotomie sexuée mortifère. Ces évolutions existent, mais leurs préceptes sont loin d'être hégémoniques aujourd'hui et elles ont d'ailleurs leur lot de détracteurs.

La lecture des témoignages du livre de Belotti m'a fait replonger dans ma propre enfance. De ma naissance jusqu'à l'âge de six ans environ, je me comportais en Sophie, et non en Madeleine ou Camille. On m'a souvent raconté mon expulsion précoce de la crèche, motivée par mon attitude belliqueuse à l'égard du personnel (je m'emparais des

7 Judy Blum, *Tiens-toi droite !*, traduit par Christophe Romana, L'École des Loisirs, 1987.

bancs pour enfants et les jetais sur les puéricultrices) ; mes crises de colère et de rage quand ma mère s'arrêtait pour parler à une connaissance dans la rue (hurlements, coups, roulades à même le sol) ; les morsures jusqu'au sang infligées à ma sœur ou à ma cousine, de préférence en milieu aquatique (baignoire, piscine, mer, peu importe)... Plus tard, il y eut aussi le renvoi mémorable du cours de poterie : j'avais convaincu tous les autres élèves d'abandonner leurs projets de bustes ou de compositions florales pour forger, avec moi, une armée de petits WC. Cet épisode martial et potache m'avait valu une « claque de terre » – le stigmate de la main terreuse de la professeure sur ma joue aurait dû susciter le courroux de ma mère, laquelle ne vit dans mon visage barbouillé que le résultat logique de deux heures passées à triturer de l'argile. Je garde peu de souvenirs précis de cette période de ma vie, mais j'en conserve quelques sensations très vives a posteriori. Sensations non pas de mal faire – j'étais trop petite pour intégrer cette dimension là – mais de ne pas faire comme doit faire une petite fille. J'étais souvent submergée par ma fougue – qui pouvait se matérialiser par une forme de violence à l'égard de mes sœurs et des autres enfants – et je comprenais qu'elle était malvenue, condamnable. Très tôt, j'intégrai que cette violence n'appartenait pas à la grammaire des filles – ma grande sœur en semblait d'ailleurs totalement privée, elle était souvent « dans la lune », enfant rêveuse qui paraissait moins chahutée par les vicissitudes de son propre corps. Très tôt aussi, je mis en place tous les mécanismes internes pour refouler cette violence et l'endiguer, passant, à l'adolescence, d'un extrême à l'autre.

D'un modèle à l'autre

Les choses sont bien faites. À mesure que je grandissais, les modèles se suivaient et me suivaient. S'étaient-elles mises d'accord ? Dépassant l'âge prescrit pour lire la comtesse de Ségur, je retrouvai, sur le petit écran comme dans les livres, d'autres fratries qui semblaient leurs proches cousines. Certes, les personnages se complexifiaient, devenaient moins lisses et moins uniformes que ceux de Madeleine et Camille, mais aucun ne s'éloignait véritablement des fondamentaux qu'elles incarnaient. Elles n'en étaient que de trompeuses variations, de modestes développements, petits leurres discrets positionnés à intervalles réguliers sur la route toute tracée de la féminité. À chaque âge de ma vie, de nouveaux exemples venaient prendre le relais, pour garantir cette continuité. Pas de temps mort sur le chemin de la perfection, pas de détour possible non plus. Les sœurs Ingalls de *La Petite Maison dans la prairie* à dix ans, les *Demoiselles de Rochefort* de Jacques Demy à treize, les sœurs Lisbon de *Virgin Suicides* à quinze. Ces collectifs de sœurs étaient de puissants modèles, dont je n'interrogeais jamais la légitimité. Pire (ou mieux ?), je les admirais. *Virgin Suicides* de Sofia Coppola, par exemple. L'univers des sœurs Lisbon, pourtant morbide et confiné, me fascinait. Ces cinq sœurs aux longues chevelures blondes, entre madones et furies, virevoltant dans leurs chemises de nuit blanches avec malice et provocation, éblouissant tous les garçons de leur quartier, me rappelaient, dans une version glauque et peroxydée, ma propre fratrie. La fascination exercée par les cinq Lisbon sur leurs voisins était en grande partie liée à leur réclusion, sans laquelle elles perdraient une part de leur attrayant mystère. Une scène en particulier devait marquer mon adolescence. Trip Fontaine, la star du lycée, avait jeté son dévolu sur la plus courtisée des sœurs Lisbon, Lux, l'héroïne incarnée par Kirsten Dunst. Un soir, Lux parvient à convaincre ses parents d'inviter Trip à regarder la télévision chez eux. L'issue de ce premier rendez-vous est, sans surprise, décevante : engoncé entre l'austérité du père, la tyrannie de la mère et le bourdonnement des quatre autres sœurs, Trip n'aura droit, en guise de signal érotique, qu'à quelques mouvements suggestifs des pieds de la part de sa dulcinée. Il finit donc par quitter le pavillon des Lisbon pour regagner, penaud, sa voiture. C'est sur les premiers accords de guitare de la chanson *Crazy on You*, du groupe américain Heart, que Lux se précipite vers la voiture, y pénètre, enfourche Trip sur le siège avant et l'embrasse avec avidité, avant de repartir en courant chez elle pour ne pas éveiller la suspicion de ses geôliers de parents, laissant dans la bouche du jeune homme, en guise d'offrande et de promesse, son chewing-gum mâchouillé. Ce baiser volé, aussi bref que fougueux, associé à l'image de la jeune fille captive échappant un instant au confinement imposé par ses parents, le tout en chemise de nuit à paillettes, était un pur condensé de mes inavouables rêveries d'adolescente. La sœur prisonnière d'un environnement à la fois féminin et autoritaire, se libérant du joug parental et échappant à la tyrannie du groupe pour embrasser *le beau gosse* du lycée – voilà à quoi se réduisaient, à l'âge de quinze ans, mes plus grandes ambitions et mes plus lourds fantasmes.

Quels autres modèles que celui de Lux Lisbon avait-on alors à me proposer ? Le processus d'identification se faisait, j'en suis convaincue, par le groupe. Il m'était très difficile de me projeter dans des personnages d'aventurières ou d'héroïnes solitaires. Il me fallait des sœurs quelque part, en premier ou en arrière-plan. J'en ai déjà mentionné quelques-unes, qui n'auraient pas donné à ces fantasmes de tournant radicalement opposé. Les sœurs Garnier des *Demoiselles de Rochefort* étaient certes plus libres mais peut-être plus belles, plus parfaites et plus amoureuses encore. Toutes mes petites héroïnes du XIXe siècle, celles des romans de Jane Austen ou de Louisa May Alcott, n'échappaient pas, en dépit de nombreux détours, aux mêmes caractéristiques et aux mêmes destinées[8].

Cette construction par le biais de modèles, fictionnels mais aussi bien réels, est prégnante chez les préadolescentes, comme l'a démontré l'anthropologue Catherine Monnot dans son livre *Petites filles. L'apprentissage de la féminité* (2013). Elle y analyse les processus d'identification, l'influence de la culture populaire anglo-saxonne, celle de la chanson et de ce qu'elle appelle la *girl culture* sur la construction identitaire entre onze et quinze ans. Évoquant les chanteuses de mon enfance (Jenifer, Alizée ou Britney Spears), comme les émissions de téléréalité des années 2000, elle met en évidence l'oscillation permanente de ces modèles entre innocence et hypersexualisation, des registres qui « appellent à la prise de pouvoir individuelle,

8 Je mentionnerai un peu plus tard, dans mon chapitre sur les sorcières, d'autres modèles bien plus exaltants et moins sclérosants.

tout en martelant que les femmes doivent pouvoir sacrifier leur carrière par amour». Dans le prolongement des travaux de Belotti, elle confirme donc que ce qui s'est préparé avant la naissance, forgé ensuite dans l'enfance, se raffermit sans répit à l'adolescence.

Rester dans le rang

Aux injonctions liées à la féminité s'ajoutent celles que l'on assigne à chacune des sœurs selon sa place dans la fratrie. D'après les psychanalystes du début du XXe siècle, une famille de trois enfants est généralement constituée d'un aîné conservateur (quel que soit le sexe ici), d'un cadet révolutionnaire et d'un benjamin héroïque (souvent le préféré)[9], une répartition qui s'affine et se sexualise au cours du temps et selon l'étendue des fratries. L'aînée des filles serait ainsi une petite mère intelligente et responsable, celle du milieu tirerait de l'inattention de ses parents une ambition sans borne, là où la petite dernière puiserait dans leur indulgence sa légèreté et sa drôlerie. Parfait ordonnancement que l'on retrouve dans *Les Trois Sœurs* de Tchekhov : Olga, l'aînée protectrice et responsable, professeure de lycée, endossant le rôle de mère ; puis Maria, musicienne rêveuse, amoureuse ; et enfin Irina, la petite dernière, insouciante et joyeuse, qui mûrit tout au long de la pièce. Même logique chez les sœurs Ingalls de *La Petite Maison dans la prairie*. L'aînée, Mary, d'abord : studieuse et obéissante, grande lectrice qui rêve de devenir institutrice,

9 Bernard Brusset, «Le lien fraternel et la psychanalyse», *Revue française de psychanalyse*, vol. 72, n° 2, 2008, p. 347-382.

sainte transformée en martyre, puisqu'elle deviendra aveugle dans la quatrième saison de la série. Vient ensuite la cadette, Laura[10]: énergique et volontaire, tour à tour admirant et jalousant son aînée, tiraillée entre ses devoirs de sœur et d'enfant, et ses désirs de fille. Et enfin Carrie, la petite dernière[11], dont la chute dans le mythique générique de la série imprime, dès les premières minutes du programme, le caractère et la place : celle du rejeton attendrissant et drôle, traîné par ses aînées avec un mélange d'affection et de contrainte, intarissable boute-en-train, pétrifié dans une perpétuelle mignonnerie juvénile.

Si les personnages d'enfants « du milieu » sont plus difficiles à saisir et échappent aux clichés de l'aînée et de la benjamine, cette complexité devient constitutive de leur nature et marque leur singularité. C'est ce que l'on appelle, avec un scientisme tout à fait discutable, le *middle child syndrome*. Pour l'aînée et la petite dernière, les rôles sont plus transparents et codifiés. Il faut que la première soit responsable, elle est celle qui donne l'exemple, et en même temps la première à s'émanciper, à faire des bêtises, et à qui l'on pardonnera donc moins volontiers. La petite dernière en revanche est affublée d'une drôle d'insouciance, figée dans l'enfance, affectée aux facéties. On lui laisse tout passer, dit-on. Elle construit son petit empire entre indulgence, douceur et légèreté.

Cette répartition des rôles est, en réalité, aussi superficielle que discutable. Un article du *New York Times*

---

10 Rappelons que Laura Ingalls est le nom de l'autrice des romans dont la série a été tirée et était elle-même la deuxième d'une fratrie de cinq enfants.

11 Au fil des saisons, la fratrie s'agrandira avec l'adoption d'un fils et la naissance d'une nouvelle petite fille, mais je me tiens ici à la configuration initiale.

s'intéressait, au printemps 2024[12], à l'existence d'un très hypothétique « syndrome de l'aînée ». À partir d'une vidéo virale sur TikTok décrivant les symptômes du présumé « syndrome », la journaliste évoquait la façon dont les réseaux sociaux (notamment) véhiculent ces images stéréotypées des membres d'une fratrie – pour l'aînée en l'occurrence : sentiment intense de responsabilité familiale, désir d'aider, ressentiment à l'égard des frères et sœurs, et des parents. Mais cette vision simpliste, que relaient de nombreux *memes*, n'est confirmée par aucune étude scientifique robuste. L'autrice cite en particulier une enquête de 2015 menée auprès de plus de 20 000 personnes qui n'établissait aucun lien entre l'ordre de naissance et le caractère. Une deuxième étude, menée la même année aux États-Unis sur 370 000 lycéens en arrivait aux mêmes conclusions : l'ordre de naissance n'a qu'un impact marginal sur votre personnalité. Tout n'est donc, une fois encore, qu'une histoire de construction et de représentation, qu'il faut s'employer à défaire.

C'est ce que fait Fatima Daas dans son roman paru en 2020, *La Petite Dernière*. Elle y joue allègrement avec cette figure, en réinvente les codes et en propose une nouvelle lecture. Dans sa famille, Fatima est la *mazoziya* (« la petite dernière » en arabe), elle porte le prénom de la plus jeune fille du prophète Mohammed, un prénom qui signifie « petite chamelle sevrée ». Comme la fille du prophète, Fatima aurait dû avoir trois sœurs, mais l'une d'elle est morte quelques heures après sa naissance. Son père, qui

12 Catherine Pearson, « Why your big sister resents you », *The New York Times*, 15 avril 2024.

espérait qu'elle fût un garçon, l'appelle *wlidi* (« mon petit fils »), menant l'écrivaine à s'interroger : est-ce ce surnom qui lui valut son comportement de « garçon manqué » ? Fatima a donc grandi avec deux grandes sœurs : Dounia et Hanane. Dounia est l'aînée, mais refuse catégoriquement d'en porter les habits. C'est elle, la rebelle : première fugue à seize ans, ramenée par les cheveux à la maison par son père. C'est avec la deuxième, Hanane, que Fatima apprend à faire ses ablutions pour la prière, regarde *Charmed* en cachette et vole du mascara chez Monoprix – voilà une relation d'apprentissage qui m'est plus familière que celle de Madeleine et Camille. « Garçon manqué », fille d'immigrés rebeus, banlieusarde, homosexuelle et polyamoureuse : comment trouver sa place dans ce vertigineux patchwork qu'aucune autre histoire de sœurs ne raconte ni n'envisage ? En l'écrivant elle-même. Pour Fatima, l'écriture est un refuge, et son texte est une pièce importante dans la construction du nouvel édifice auquel ce livre tente de donner forme.

Toute honte bue

Là où Fatima Daas excelle dans la remise en cause de la figure de la petite dernière, d'autres vont plus loin encore dans le démantèlement de mes petites filles modèles. Après le film *Grave* de Julia Ducournau et le cannibalisme gore de ses deux héroïnes, une série en particulier se prête à l'exercice de façon jubilatoire : *Fleabag*, de Phoebe Waller-Bridge[13]. Si la série a été adoubée par l'ensemble de

13 La série a été adaptée en France par la réalisatrice Jeanne Herry sous le titre *Mouche*, avec Camille Cottin comme actrice principale – mais dans une version qui me semble moins convaincante.

la critique, ses commentateurs se sont souvent cantonnés à l'examen du personnage principal – Fleabag, donc – qui, de façon aussi salutaire qu'une Lena Dunham dans *Girls*, déconstruit méticuleusement tous les canons attachés à la féminité. Mais là où *Fleabag* est novatrice – et, selon moi, virtuose –, c'est dans le tableau qu'elle peint des relations entre sœurs, enterrant une bonne fois pour toutes l'univers policé, délicat et doucereux dans lequel baignaient Camille et Madeleine de Fleurville.

Tout commence pourtant dans le plus grand classicisme : deux sœurs que tout oppose – Fleabag, la grande instable, férocement drôle, cleptomane occasionnelle, vaguement nymphomane et incapable de se poser (avec un homme comme dans un emploi stable) ; en face, Claire, brillante avocate mariée, rigide et austère, perpétuellement stressée. C'est Fleabag elle-même qui, dans le premier épisode, dresse le portrait peu flatteur de son aînée, dans un de ses face caméra qui feront la signature de la série : « Ma sœur. Coincée, très belle et probablement anorexique. Mais les vêtements lui vont si bien. » Dans cette même scène, où elles se retrouvent toutes les deux pour une conférence féministe, Fleabag est en retard. La raison ? lui demande Claire. Elle a dû s'arrêter pour « chier au McDonald's ». Quand elle lui demande si elle s'est lavé les mains, Fleabag répond « bien sûr que non » en caressant avec douceur et provocation la joue de sa sœur. Dans un autre épisode, lorsqu'elles se recueillent sur la tombe de leur mère, les deux sœurs dissertent sur la nature et la singularité de leurs pets, et la façon dont leurs flatulences respectives évoquent le souvenir de leur mère décédée. L'échange se conclut sur la confession douloureuse de Claire : « Je n'ai pas pété depuis trois ans. »

Tout ne se résume évidemment pas à l'introduction de la grossièreté dans le lexique des sœurs. Mais cette progression-là, aussi anodine et potache puisse-t-elle paraître, a déjà quelque chose de subversif. Les relations entre Fleabag et Claire sont d'une infinie richesse et surtout d'une infinie justesse, entre complicité, rage, jalousie et, *in fine*, amour véritable. Dans le tout dernier épisode de la série, Fleabag tente de convaincre Claire de courir à l'aéroport rejoindre l'homme qu'elle aime pour lui avouer ses sentiments avant qu'il ne quitte le pays. Mais Claire refuse. Elle a alors cette phrase bouleversante : « La seule personne pour laquelle je traverserais un aéroport en courant, c'est toi. » Si l'accent a surtout été porté sur les histoires d'amour et d'amitié de l'héroïne, la véritable histoire d'amour est celle qui se joue entre les deux sœurs. Une histoire de sororité qui évite adroitement tous les écueils du genre, une sororité primitive et organique dont le large spectre se déploie du concours de pets à l'affrontement commun du deuil et de la perte, jusqu'aux déclarations d'amour les plus maladroites et émouvantes. Il n'est pas anodin que Phoebe Waller-Bridge ait travaillé sur la série avec sa propre sœur, Isobel, qui en a signé la musique.

Jusque-là, les femmes semblaient cautionner cette perpétuation des clichés associés au féminin, elles en étaient même parfois les génitrices volontaires, averties, qu'il s'agisse de la comtesse de Ségur, de Jane Austen, de Louisa May Alcott ou encore de Sofia Coppola – les premières sont probablement aussi le produit de leur époque, c'est vrai. Phoebe Waller-Bridge est à la fois le produit et l'architecte de la sienne et, aux côtés de Julia Ducournau et de quelques autres, en révolutionne joyeusement les codes[14].

Bigotes, abstractions, pécheresses

Mon deuxième chapitre se poursuit un soir de nocturne au musée du Louvre. En bonne archéologue de la sororité, obsédée par l'impact des représentations sur nos imaginaires, je me mets en quête des traces de nos sœurs, non plus dans les films et dans les livres, mais dans l'iconographie ancienne comme dans la peinture et la sculpture modernes. Quelles formes leur a-t-on donné ? Y retrouverai-je, ici aussi, mes petites filles modèles ? L'immersion dans le musée, sous couvert de démarche scientifique, est aussi une parade rassurante pour réinstaurer de la distance avec un sujet qui sans cesse me rattrape et me tiraille (il fallait aussi rehausser le niveau, après ma séquence « concours de pets » des pages qui précèdent). Il ne s'agit pas de me dérober, ni de contourner mon sujet, mais de confronter mes intuitions personnelles à l'universel qui les nourrit, ou les contredit parfois. Une recherche préalable par mots-clés sur le site internet du musée du Louvre m'a permis de dessiner une cartographie sommaire, allant des Trois Grâces de l'Antiquité aux portraits de religieuses

14 On peut également mentionner ici la série britannique *This Way Up*, autre histoire de sœurs qui aborde sans tabou et avec humour la question des troubles mentaux (2019-2021, deux saisons). Ou encore la mini-série diffusée par Arte, *Bouchon*, dont l'héroïne, Lolo (interprétée par Éléonore Costes, la réalisatrice), dépeint avec drôlerie et gravité le quotidien d'une famille dysfonctionnelle et investit en particulier la relation avec son aînée – incarnée par la propre sœur de la réalisatrice (2024, une saison).

austères affublées d'imposantes cornettes. Le résultat de ce travail numérique préparatoire est déjà éclairant. Les sœurs, dans la peinture ou la sculpture, se divisent en deux catégories : les nues et les nonnes.

Commençons par les premières, qui peuplent donc le département des Antiquités du plus célèbre musée du monde, où les préjugés les plus robustes sont figés dans la pierre et le marbre. J'y retrouve mes Trois Grâces, qui n'ont certes pas l'apanage de la nudité à cet endroit du musée – j'apprendrai d'ailleurs qu'elles étaient initialement représentées habillées, et que c'est progressivement qu'on les a dévêtues. Ces Trois Grâces, personne ne s'accorde sur leur nom, leur filiation ou leur fonction. Retenons la tradition la plus communément suivie, selon laquelle elles sont les filles de Bacchus et de Vénus[15] : Aglaé la brillante, Euphrosyne la sereine et Thalie la florissante. Toujours enlacées, l'une de dos et les deux autres de face, elles sont pétrifiées dans leur jeunesse et leur beauté. J'apprends en poursuivant mes recherches que le mot *gratia* au départ signifie « ce qui est de nature à plaire[16] » et que son sens évoluera ensuite vers les notions de charme, de grâce et d'agrément. Botticelli, Raphaël, Cranach l'Ancien, Rubens, Boucher et même Dalí et Niki de Saint Phalle proposeront chacun leur variation de ces trois sœurs, les plus représentées de l'histoire de l'art occidental, et rares seront ceux qui s'éloigneront du canon de

15 Des débats demeurent sur l'identité de leurs parents : selon Hésiode et Pindare, elles seraient les filles de Zeus et d'Eurynomé.

16 Étienne Wolff, « Sur une interprétation de la figure des Grâces », *Littératures classiques*, vol. 60, n° 2, 2006, p. 39-48.

départ. Tout commence donc ici par *ce qui est de nature à plaire*, par la grâce, la jeunesse éternelle, la beauté – je me rapproche déjà de Camille et Madeleine – et la nudité.

Poursuivons. Ma deuxième étape est la plus intéressante, elle me mène dans la prestigieuse aile Richelieu, où est accroché le célèbre tableau *Gabrielle d'Estrées et une de ses sœurs*. Attribué à l'école de Fontainebleau et peint à la toute fin du XVIe siècle, il représente deux femmes en buste dans une baignoire, fixant le spectateur, l'une (la sœur) pinçant le sein droit de l'autre (Gabrielle d'Estrées). Gabrielle est la maîtresse d'Henri IV, officiellement marié à Marguerite de Valois. Elle est la fille d'Antoine d'Estrées et de Françoise Babou de la Bourdaisière, qui eurent onze enfants dont sept filles. Fratrie à la réputation sulfureuse, les filles d'Estrées sont qualifiées de « sept péchés capitaux » par la marquise de Sévigné dans sa correspondance. Et bien que le téton pincé n'appartienne pas – à l'époque – au répertoire sexuel (il évoque plutôt la lactation et les grossesses), force est de constater que si ce double portrait fait tant parler de lui, c'est qu'il évoque moins la sainteté que l'érotisme, la maternité que la provocation. Il s'agit très probablement du portrait de sœurs le plus célèbre de la Renaissance, et il vient ajouter à notre substrat de départ (la nudité, la grâce, la beauté) une couche de sexualité et de transgression.

Passons maintenant aux *habillées* : celles des couvents, des liturgies et des bénitiers. C'est *Sainte Claire avec sa sœur Agnès et plusieurs religieuses*, madones diaphanes et éthérées, privées de corps et de cheveux, dont les mains ne semblent conçues que pour prier. Si certaines ont des regards angéliques, lumineux, les sœurs supérieures arborent des visages d'une rare hostilité, assortis de traits peu flatteurs ou disgracieux. Près d'elles, la mère Catherine-Agnès Arnauld et la sœur Catherine de Sainte Suzanne Champaigne, ensevelies sous d'imposants habits ecclésiastiques qui les rendent parfaitement indissociables en dépit de leur grande différence d'âge, prient dans un décor austère et remercient le ciel pour ses miracles[17].

Résumons : pécheresses, bigotes ou abstractions, voici les trois destins (iconographiques) auxquels mes sœurs sont promises. Comme si elles devaient toujours évoluer d'une cage à une autre – religieuses cloîtrées dans un couvent, ou bien objets de désir enfermés dans une sclérosante perfection ou dans une jeunesse éternelle. Pour Catherine Monnot, ces modèles se trouvent sous l'ambivalent patronage du « complexe de Marie », un quatuor désignant, au choix, la figure de la vierge Marie, mère pure et idéale, celles de Marie Madeleine, la maîtresse désirable et séductrice, de Mary Poppins, la gardienne et l'organisatrice du foyer, et enfin de Marie Curie, la cérébrale qui sait toutefois rester dans l'ombre de son mari. Les sœurs oscillent ainsi entre une hypersexualisation – parfois assortie d'une divinité qui les en écarte – et la pruderie du couvent. Les deux univers pouvant d'ailleurs se rejoindre et se confondre. En regardant *Sainte Claire et sa sœur Agnès* dans les galeries du Louvre, je vois la *Benedetta* de Paul Verhoeven (2021), et les sœurs qui peuplent son libidineux couvent. Les « bonnes

17 Philippe de Champaigne, *La mère Catherine-Agnès Arnauld (1593-1671) et la sœur Catherine de Sainte Suzanne Champaigne (1636-1686), fille de l'artiste*, 1662. Le tableau dépeint la guérison inattendue de sœur Catherine, paralysée des jambes depuis deux ans.

sœurs » sont régulièrement détournées de leur image de piété pour épouser les codes d'un érotisme puisé dans l'interdit, la transgression. Notons, pour l'anecdote, que le tout premier film pornographique français, paru en 1925, s'intitulait *Sœur Vaseline* et mettait déjà en scène cette ambiguïté entre sœurs bigotes et sœurs catins.

Justine et Juliette

Le calendrier *Playboy* de l'année 2001 est né sous le signe des Gémeaux. Dans l'introduction à la thématique de l'année, les auteurs promettent d'« échapper à la tyrannie habituelle des calendriers où douze mois égalent obligatoirement douze filles » (je n'y avais pas pensé, tiens, à cette tyrannie-là). Ils annoncent alors « tout miser sur les naissances plurielles », promettant « des sœurs ou des jumelles, bien sûr, mais c'est presque banal ». Alors, ils ont aussi eu recours à des triplées et même des quadruplées. De janvier à décembre, les silhouettes complètement nues se succèdent, mises en scène dans des positions aussi hasardeuses que suggestives : les effets de symétrie et les jeux autour du double (du triple ou du quadruple) donnent lieu à une créativité photographique et pornographique insoupçonnée. Quelques années après l'odyssée 2001, le fondateur et propriétaire de *Playboy*, Hugh Hefner, s'affiche aux côtés des jumelles Karissa et Kristina Shannon, deux actrices pornographiques américaines souvent désignées sous l'acronyme K & K – il y a quelque chose avec la lettre K, j'y reviendrai. Les deux sœurs au K majuscule s'installent dans le mythique Manoir Playboy avec leur amant en 2008. Elles ont dix-neuf ans, il en a quatre-vingt-deux. Elles quitteront le manoir après deux années de vie commune. Depuis sa création en 1953, le magazine d'Hefner met régulièrement les sœurs à l'honneur, relayant un fantasme millénaire. Avec le même sérieux que celui qui guidait mes déambulations muséales, j'ai décortiqué, numéro après numéro, les « dossiers » de *Playboy* consacrés à cette sororité d'une autre nature. Elles s'appellent Madeleine et Mary Collinson, Karin et Mirjam van Breeschooten, Erica, Nicole et Jaclyn Dahm, Luba et Nadya Shumeyko, Carol et Darlene Bernaola. Elles ont toutes fait la une, se contorsionnant dans d'improbables poses, leurs corps totalement retouchés (les exemplaires que j'ai entre les mains sont des reliques du siècle passé), et donnent vie aux fantasmes de millions de lecteurs jamais rassasiés.

Playboy n'a pas inventé grand-chose. Le magazine reprend en réalité une dialectique érotique héritée des récits du marquis de Sade à la fin du XVIIIe siècle, comme me l'a rappelé ma propre sœur, qui menait, lorsque j'écrivais ce livre, un important travail de recherche sur cet auteur et sa célèbre héroïne, Justine. Rappelons que l'une de ses plus grandes épopées, *La Nouvelle Justine ou les Malheurs de la vertu*, suivie de *l'Histoire de Juliette ou les Prospérités du vice*, est un roman continent de plus de mille pages[18] entièrement construit sur un diptyque de sœurs : Justine la prude vertueuse et malheureuse d'un côté, et Juliette, la femme hors norme en quête de puissance et de

18 L'édition originale est conservée dans l'« Enfer » de la BnF, une ancienne section où se trouvaient les livres « contraires aux bonnes mœurs » reconvertie en 1983 en un fonds dédié aux livres érotiques au sein de la Réserve des livres rares.

plaisirs débauchés récompensée, de l'autre. Alternant les dissertations philosophiques et les scènes lubriques allant jusqu'à l'insoutenable, le récit de Sade fonctionne comme un chiasme, où le libertinage et les mœurs légères de l'une surpasseront toujours l'intransigeante chasteté de l'autre. Est-ce du marquis de Sade que vient l'érotisation des sœurs ? C'est une hypothèse confirmée par plusieurs de ses héritiers. Roger Vadim livrera, dans une adaptation « libre » et d'assez mauvais goût de l'œuvre, une transposition du récit dans le Paris des années 1940, où la vilaine Juliette (Annie Girardot) couche avec l'occupant nazi, quand la docile Justine (Catherine Deneuve) est déportée.

Même mes petites filles modèles seront sujettes à cette érotisation sadienne. La seule adaptation cinématographique connue du livre de la comtesse de Ségur[19] est signée Jean-Claude Roy, dans un film aux accents graveleux, dont le synopsis en dit long sur les intentions de l'auteur : « Dans la France du début des années 1970, les héroïnes de la comtesse de Ségur ont grandi. Ce sont maintenant des jeunes filles avec les préoccupations de leur âge. Dans la quiétude de la campagne, madame de Fleurville et madame de Rosbourg partagent ces préoccupations et font le même constat : "Ça manque d'hommes..." » Que va-t-il bien pouvoir se passer ensuite ? Je vous laisse deviner (ou bien vous laisser tenter par cette incongruité cinématographique).

---

19 Rohmer aurait également tenté une adaptation en 1952, mais impossible d'en trouver la trace. Ce « film manquant » a d'ailleurs fait l'objet d'un roman de Julie Wolkenstein (*Les Vacances*, P.O.L, 2017), qui tente de percer le mystère autour de ce long-métrage inachevé.

Plus sage mais tout aussi prolifique, le fantasme pour les sœurs connaîtra de nombreux développements cinématographiques. Je pense notamment au *Hannah et ses sœurs* (1986), de Woody Allen, titre prometteur laissant penser que le film passerait le test de Bechdel haut la main, mais il n'y résiste pas – le mari d'Hannah, l'héroïne, tombe amoureux de la sœur de celle-ci, Lee, dans un joyeux vaudeville new-yorkais où le masculin mène la danse. Même dialectique dans *Les Deux Anglaises et le Continent* (1971), de François Truffaut, où Claude (Jean-Pierre Léaud) valse entre Ann et Muriel Brown, dans une sorte de *Jules et Jim* inversé au pays de Galles[20]. Nos deux sœurs y possèdent tous les attributs des petites filles modèles de Ségur, qui auraient bien grandi. « Je pourrais écrire des pages et des pages chaque jour mais j'aime mieux les regarder », écrit Claude le soir dans son journal. Les regarder, il s'en donne à cœur joie, fixant leurs hanches, leurs cous et leurs cheveux qui rappellent, dans des versions à peine vieillies, les silhouettes de Camille et Madeleine de Fleurville immortalisées par le dessinateur André Pécoud.

Les incroyables sœurs Kardashian

À Los Angeles, dans le salon baroque et capitonné de la villa de la famille Kardashian, le téléspectateur averti repérera, au-dessus d'un de leurs nombreux canapés, une petite reproduction du tableau *Mademoiselle Rivière*, du

20 *Jules et Jim* a été écrit en 1953 par Henri-Pierre Roché, qui est aussi l'auteur, en 1956, du roman *Les Deux Anglaises et le Continent*, adapté ensuite au cinéma par Truffaut.

peintre français Jean-Auguste-Dominique Ingres. Cette jeune fille de quinze ans à la candeur juvénile, vêtue d'une robe blanche immaculée, est entourée d'un élégant boa en duvet de cygne. Yeux en amande, regard fixe, sourire figé, que diable mademoiselle Rivière fait-elle dans ce temple du kitsch et de la vulgarité qu'ont bâti les Kardashian en une petite dizaine d'années ? Elle y joue en réalité un rôle important : elle rappelle d'où l'on vient et s'oppose, en miroir, à l'image bien vivante d'une nouvelle féminité triomphante.

Il me faut croquer, pour le lecteur béotien, un rapide arbre généalogique de la famille en question. De son premier mariage avec l'avocat Robert Kardashian[21] Kris a eu quatre enfants : Kourtney, Kimberly, Khloé et Robert Jr. Après leur divorce en 1990, Kris épouse l'ancienne star du décathlon Bruce Jenner, avec lequel elle aura deux filles : Kendall et Kylie. L'émission de téléréalité mettant en scène le quotidien de leur vie de famille recomposée, *L'Incroyable Famille Kardashian* (*Keeping Up with the Kardashians* en version originale), démarre en 2007. Les plus jeunes ont alors une dizaine d'années, les aînées sont dans leur vingtaine et se lancent dans le show-biz tout en gérant des magasins de mode avec leur mère, qui est aussi l'agente de la famille.

Étonnante destinée que celle de cette famille recomposée de six enfants, qui fait son entrée fracassante dans le milieu très prometteur de la téléréalité. Au centre, il

21 Notamment célèbre pour avoir défendu son ami et ancien footballer O. J. Simpson lors du procès de 1995 où il était accusé du double meurtre de son ex-épouse, Nicole Brown, et de son ami Ronald Goldman.

y a Kim, meilleure amie d'une autre sœur célèbre, Paris Hilton, et qui vécut longtemps dans son ombre avant de trouver la lumière au détour d'une sex tape « malencontreusement » sortie de sa stricte diffusion privée et mettant à l'honneur son mythique postérieur.

Je me suis initiée aux sœurs Kardashian avec un certain retard, et un enthousiasme modéré – je me suis plus volontiers plongée dans les vieux *Playboy* que dans ce programme dont je redoutais la bêtise et la vulgarité. Je découvris en réalité un tout autre univers. Dans cet étonnant gynécée moderne, sorte de société matriarcale autogérée, les hommes occupent une place marginale, sinon inexistante : le frère, Rob, privé du K majuscule qui est pourtant l'attribut de la puissance familiale, figure au générique mais ne fait que de brèves apparitions dans la série, souvent avachi sur un coin de canapé, riant mollement face au spectacle de ses sœurs, disparaissant d'une saison à l'autre, puis revenant ponctuellement au gré d'un épisode où il peine à s'imposer. Bruce, le père – personnage tout à fait sympathique au demeurant –, fait les lessives et s'occupe des deux plus jeunes, Kendall et Kylie. Toujours un peu dépassé par les événements, pris dans le tourbillon d'un harem dont il est loin d'être le sultan, on le consulte de temps en temps sur les décisions importantes, tout en sachant pertinemment que c'est Kris, la mère supérieure, qui aura le dernier mot. À tous les hommes qui croisent leur route la même règle s'applique : « Mes sœurs et moi. Ou rien. » Chaque amant, chaque conquête, chaque mari doit s'accommoder de la fratrie. Ou passer son chemin.

Certes, j'y ai trouvé la vulgarité que je redoutais, comme l'image délétère d'une féminité réduite à l'état d'objet désirable et désiré – des corps et des visages qui se transforment aussi de la première à la vingtième saison, façonnés par une chirurgie esthétique jamais dissimulée. Mais j'y ai aussi trouvé des monstres de confiance en soi, de détermination et de volonté, des femmes convaincues qu'un destin les attend et résolues à tout faire pour l'accomplir, sans jamais mentir sur la nature de leurs ambitions. Les filles Kardashian apprennent de leurs erreurs (chaque épisode se conclut sur une petite morale aux accents lafontainiens) et, surtout, elles avancent ensemble. Au-delà des épisodes liés à leur célébrité, elles traversent, face caméra, les étapes de la vie de femmes que la fiction et le divertissement ont toujours sciemment escamotées. Et elles en parlent ! Sans filtre ni tabou. Des premières règles de Kendall à la fausse couche de Kim (un sujet brillamment traité dans *Fleabag* aussi), en passant par la congélation des ovocytes de Khloé... Certains trouveront ces scènes impudiques, racoleuses voire obscènes, elles me semblent en réalité salutaires – non pour nos héroïnes (les plus jeunes révèlent avoir souffert de cet étalage sans limite de leur intimité alors qu'elles n'étaient que des enfants), mais pour les millions de jeunes filles qui les regardent et les écoutent.

Leur influence est si forte qu'elles convaincront d'autres fratries de se lancer sur la même voie, comme les célèbres sœurs Hadid, Gigi et Bella – toutes les deux actrices et mannequins –, ou encore les plus *posh* sœurs Delevingne, Cara et Poppy, rejetonnes d'une famille bourgeoise britannique, évoluant elles aussi entre mannequinat et cinéma, et suscitant la fascination d'un large public. Elles sont les héritières des iconiques sœurs Mitford, qui marquèrent l'Angleterre du début du XXe siècle par leur talent, leur excentricité et leurs frasques, alimentant les bonnes feuilles d'une presse britannique déjà largement accoutumée aux petits ragots comme aux grands scandales. Nancy, Pamela, Diana, Unity, Jessica et Deborah Mitford[22], filles d'un lord anglais désargenté, furent aussi célèbres pour leurs romans, leurs idylles, leur fréquentation de la reine Elisabeth II, que pour leurs accointances funestes avec le nazisme. La téléréalité n'existait pas encore mais on retrouve, chez les Mitford, tous les ferments du succès des Kardashian : rivalité, drames, unions et naissances, le fascisme en prime, la télé en moins. Des six mariages de la deuxième (Pamela, secrètement bisexuelle) à l'idylle de la troisième (Diana) avec l'héritier des brasseries Guinness, leurs histoires d'amour sont méticuleusement disséquées et relayées par l'aristocratie britannique. Preuve que chacune pouvait conserver sa singularité au sein de cette étonnante fratrie, on retrouve dans ses rangs deux adeptes du parti nazi (Unity et Diana), un soutien du parti communiste américain (Jessica), partie en Espagne lutter auprès des républicains contre les forces franquistes, et une défenseuse farouche de la cause animale (Pamela). « Je suis normal, ma femme est normale, mais mes filles sont toutes plus

22 Comme les Kardashian, les sœurs Mitford avaient un frère, Thomas, que la postérité a, tel le fantoche Robert Junior Kardashian, complètement oublié.

folles les unes que les autres », aurait dit leur père[23], associant leur lot de scandales à une supposée folie congénitale. Nos dynasties contemporaines n'ont rien à envier à celles qui les ont précédées (et, à choisir, je préfère Bruce Jenner à David Freeman-Mitford).

Revenant au XXIe siècle, je découvris aussi, dans mes pérégrinations sur Instagram, l'existence des sœurs Tantot, version hexagonale et resserrée (elles ne sont que deux) de la fratrie Kardashian. Comme Kim, ce sont leurs postérieurs qui les ont rendues célèbres, grâce à leur marque de maillots de bain échancrés, dont elles sont les égéries numériques zélées. L'une des deux sœurs, Mathilde, figure dans le top 20 des comptes Instagram français les plus suivis au monde (trois fois plus de *followers* que le président de la République, pour vous donner un ordre de grandeur). Les deux seules femmes qui la devancent sont l'actrice franco-iranienne Golshifteh Farahani et la danseuse et influenceuse Léa Elui. Les autres comptes français du peloton de têtes sont tous des comptes d'hommes (dont Kylian Mbappé, Timothée Chalamet et David Guetta).

Dernières légataires en date: les sœurs Sozahdah, dix Américaines d'origine afghane[24], dont on peut suivre le quotidien dans une nouvelle émission de téléréalité produite par Disney+ : *Secrets & Sisterhood: The Sozahdahs*. Prolongement religieux des Kardashian, les Sozahdah

23 Cité par Nathalie Crom, « La romancière Nancy Mitford: humour féroce et folle famille », *Télérama*, 7 mai 2019.

24 Les quatre plus âgées sont nées en Afghanistan, qu'elles ont fui avec leurs parents lors de l'invasion russe à la fin des années 1980.

reprennent les mêmes recettes, en y intégrant la pratique du culte musulman par des femmes dans le Los Angeles des années 2020.

Mais ni les Sozahdah ni les Hadid ni les Tantot ne rivalisent avec les « 5K ». Car il y a chez ces dernières, quelque part entre la grossièreté, le show-business et le divertissement anodin, un pied de nez assez jouissif adressé aux petites filles modèles, mais aussi une revanche prise au nom des sœurs March, Brontë ou Bennet. Là où le collectif ne suscitait que misère et dénuement, il génère chez les Kardashian des millions de dollars et une notoriété sans précédent[25]. Plus important encore, il est la démonstration, en 280 épisodes, que c'est ce collectif qui les a faites, qui les a rendues puissantes. La jeune fille du XXIe siècle qui suivra leurs aventures n'y apprendra certes pas les bonnes manières (elle aura toujours Madeleine et Camille pour cela), mais elle y trouvera quelque chose d'insolent, de libérateur, de formateur aussi. Les Kardashian ne constituent pas à elles seules de nouvelle grammaire du féminin, mais leurs préceptes peuvent, avec modération, passer entre toutes les délicates petites mains.

25 Kylie Kardashian est d'ailleurs devenue, en 2020, la plus jeune milliardaire au monde (vérité que l'administration fiscale américaine nuancera, mais il n'empêche : de l'argent, elle en gagne beaucoup).

3. LES UNES CONTRE LES AUTRES

S'il est un être qu'une jeune femme anglaise haïsse plus que sa mère, c'est certainement sa sœur aînée.

Aphorisme de Bernard Shaw

À qui la faute ? Au goût immodéré des tabloïds anglais pour la nouveauté ? À notre passion collective et souvent refoulée pour les sagas familiales et princières ? Au talent du couturier Alexander McQueen qui dessina les contours de la robe qui a tout déclenché ? Le 29 avril 2011, un raout cathodique d'ampleur internationale accapare les télévisions du monde entier. William Arthur Philip Louis, duc de Cambridge, et Catherine Middleton, alias Kate, s'apprêtent à se dire oui, devant deux milliards de téléspectateurs. Sur les écrans du monde entier, on suit sagement la cérémonie à l'abbaye de Westminster, son couple princier policé, son cortège et son lot mesuré d'émotions et d'enthousiasme. Les festivités viennent tout juste de commencer et l'on s'ennuie déjà. Est-ce que tout ça n'est pas trop lisse, trop attendu, trop sage ? Les regards se détournent rapidement et cernent le véritable phénomène médiatique de la journée, à portée de traîne de la mariée. À 2,7 mètres, très exactement – celle de Diana en faisait 7,6, reléguant prudemment à l'arrière-plan toute présence féminine surnuméraire. Là, une jeune femme se tient droite, sans ostentation ni pudibonderie.

À bonne distance, son seul fait d'arme est d'être là où elle doit être : derrière sa sœur, dont elle est la demoiselle d'honneur. Elle s'appelle Philippa – appelez-la Pippa – Middleton. En quelques secondes à peine, cette sœur que l'on découvre déplace l'intensité narrative de la cérémonie, au point d'en éclipser les deux protagonistes officiels. Son nom, son âge, ses cheveux, sa robe qui épouse si harmonieusement les lignes de son postérieur : le moindre détail fascine, interroge. Celle qui n'était qu'une inconnue la veille encore devient, en l'espace de quelques secondes, une star planétaire. Cinq jours plus tard, le *New York Times* lui consacre un portrait pleine page. Dès le mois de juillet, plusieurs documentaires lui sont dédiés. En France, elle arrive en troisième position du Google Zeitgeist de l'année 2011 et deuxième au classement des recherches Google Images. En 2012, le magazine *Time* l'introduit dans son palmarès des cent personnalités les plus influentes du monde. La fétichisation de Pippa est en marche et, dans son sillage, la comparaison sans concession avec sa sœur Kate, dont elle reste indissociable. Se disputaient-elles l'amour de leur père dans l'enfance ? Laquelle des deux était la plus populaire au lycée ? Ont-elles convoité les mêmes garçons ? Qui a le plus beau bronzage ? Et à la fin, qui gagne ? Aujourd'hui encore, on compte les points. L'une est presque reine, ce qui lui procure une certaine avance. Oui, mais l'autre est plus libre, elle a davantage profité de sa jeunesse. Trop, diront certains, qui exhumeront sans relâche les photos de ses soirées d'étudiante, la liste de ses amants comme celle de ses errements professionnels.

Cette grille de lecture appliquée aux Middleton, qui n'appréhende les relations entre sœurs qu'au prisme des rivalités et des comparaisons, écrase toutes les autres. L'apparition d'une « sœur de », de surcroît plus jeune, plus jolie, plus sage ou plus rebelle, est toujours accueillie avec un mélange d'avidité et d'excitation. On se rue sur la chair fraîche pour mieux discréditer l'innocente qui la précède, on se plaît alors à critiquer, condamner ou reléguer au second plan la sœur première – dans l'ordre d'apparition, l'originelle. Si l'on relit les tabloïds et journaux féminins de l'époque, il est frappant de voir à quel point leurs auteurs semblaient soulagés par l'apparition de Pippa, se réjouissant de la découverte de cette sœur, non pour ce qu'elle était, mais pour ce qu'elle faisait apparaître en négatif chez son aînée. Comme si Kate devait payer pour sa trajectoire sans anicroche, sa relation sans heurt avec William, son exemplarité et son ennuyeuse perfection.

Avec Kate et Pippa, nous touchons, après nos petites filles modèles, au deuxième préjugé attaché aux sœurs : leur rivalité supposée congénitale. Des courts de tennis où s'affrontent Serena et Venus Williams, à la cour d'Angleterre où deux sœurs se battent pour un roi, tous les milieux concourent à enfermer nos sœurs dans des logiques de jalousie et de compétition. Cette rivalité étant sans cesse attachée à d'autres vices : la frivolité, la luxure ou la vanité. Les filles se battent pour dépouiller leur père, puis pour trouver le meilleur des maris. Songeons ici à la vénalité supposée d'Anastasie et Delphine Goriot, filles de ce père qui donne son nom au roman de Balzac, accusées de dilapider sa fortune, avant de le renier une fois bien installées dans leurs nouveaux foyers.

Cette rivalité a ses racines mythologiques, anthropologiques et historiques. Dans *Les deux sœurs et leur mère* (1994), Françoise Héritier explore la pratique millénaire du « sororat », soit la possibilité offerte à un homme d'épouser, en secondes noces, la sœur de sa femme défunte, stérile ou divorcée. Une pratique débattue pendant des siècles par le droit canon comme par la loi civile et qui émane de deux principes : la rivalité entre sœurs peut se prolonger jusqu'au combat mortel et deux sœurs, aussi rivales soient-elles, partagent la même essence, sont indissociables, parfaitement interchangeables. De ces études anthropologiques dérivent tous mes développements suivants. Rivales jusque dans leur chair, les sœurs mènent un combat sans merci pour s'imposer les unes face aux autres. Ou plutôt, l'une face à l'autre. Nous verrons que le cinéma et la littérature ont abondamment relayé ce cliché en mettant en scène des duels de sœurs que tout oppose, usant d'une binarité aussi facile que factice pour accentuer cette conflictualité présumée. La psychanalyse, qui s'est longtemps désintéressée des relations fraternelles horizontales, leur préférant les rapports verticaux des parents et de leurs enfants, offre également des clés d'analyse fécondes pour appréhender ces préjugés tenaces.

Deux sœurs pour une palme

Cannes, 1964. Le festival, pour la première fois de son histoire, met en compétition deux sœurs dans sa sélection officielle. La première a vingt-deux ans et occupe le premier rôle féminin dans *La Peau douce*, de François Truffaut. La seconde a vingt ans et interprète le personnage de Geneviève dans *Les Parapluies de Cherbourg*, de Jacques Demy. La première s'appelle Françoise Dorléac, la seconde Catherine Deneuve. L'une repart bredouille, l'autre connaît son premier grand triomphe : la comédie musicale de Demy reçoit la prestigieuse Palme d'or. Dorléac contre Dorléac, le titre était tout trouvé, mais lorsque Françoise la convainc, en 1960, de jouer le rôle de sa sœur dans *Les portes claquent*, de Jacques Poitrenaud, Catherine prend pour nom de scène celui de sa mère. Le sacre de Catherine, avant d'être célébré comme tel, est d'abord commenté comme la victoire – injuste – de la cadette sur son aînée. Après tout, c'est Françoise qui a toujours voulu faire du cinéma, Françoise qui a fait le conservatoire et persuadé sa sœur d'embrasser la même carrière, Françoise qui vit pour son art, quand Catherine, romantique et discrète, met l'essentiel de son énergie dans sa vie amoureuse et personnelle. Le journal *Cinémonde* en fait sa une : « Les deux sœurs rivales du festival ». Sauf que. Si Françoise quitte Cannes amère cette année-là, c'est parce qu'elle considère que le film de Truffaut a été négligé, mal compris. Et Catherine ne savoure pas davantage son triomphe, dépitée par la façon dont les commentateurs ont fait de son succès l'échec de sa sœur. L'immense proximité et l'attachement qui les liait laissaient peu de place à ces jalousies supposées, dont on ne trouve pas la moindre preuve dans les écrits et témoignages des deux protagonistes ou de leur entourage. Oui, mais deux sœurs qui s'aiment, s'encouragent et se respectent, ce n'est pas très vendeur, alors qu'opposer une « bonne » sœur Dorléac, qui travaille vaillamment pour devenir une grande actrice, à une « mauvaise » sœur Deneuve, qui ne doit son succès qu'à son parfum de scandale, est bien plus affriolant[1].

Le traitement des sœurs Dorléac – rappelons d'ailleurs qu'elles étaient quatre filles dans la famille[2] – est symptomatique du genre. Avant elles déjà, Hollywood avait fait d'Olivia de Havilland et de Joan Fontaine la quintessence de cette rivalité sororale – la première apparaissait dans *Autant en emporte le vent*, la seconde dans le *Rebecca* d'Alfred Hitchcock. Ces deux actrices de l'âge d'or du cinéma hollywoodien, qui n'avaient que quinze mois d'écart, ont constamment été présentées dans cette logique de rivalité, jusqu'à la mort de l'aînée à cent quatre ans en 2020. Comme chez les Dorléac, l'une avait d'ailleurs dû renoncer à son nom pour s'en faire un, et c'est aussi le pseudonyme de sa mère, Fontaine, qu'elle avait choisi. Comme chez les Dorléac, elles se retrouvent l'une et l'autre nommées, en 1942, pour l'Oscar de la meilleure actrice. Joan l'emporte pour son rôle dans *Soupçons*, d'Alfred Hitchcock, face à Olivia pour celui d'Emmy dans *Par la porte d'or*.

Si le cinéma engendre ces trajectoires, il les met aussi en récit, comme c'est le cas dans le thriller psychologique virtuose de Robert Aldrich, *Qu'est-il arrivé à Baby Jane?*. Sorti en 1962, il raconte l'histoire de deux sœurs, Jane et Blanche Hudson. La première, « Baby Jane », incarnée par

1 Gwénaëlle Le Gras, *Le mythe Deneuve. Une « star » française entre classicisme et modernité*, Nouveau monde éditions, 2010.

2 Dans le documentaire *Catherine Deneuve, à son image* (Claire Laborey, Arte, 2023), Jean-Paul Rappeneau attribue à cette opulente fratrie féminine l'incroyable débit de Deneuve, habituée à parler vite pour obtenir la parole dans une si grande – et bavarde, parce que féminine – famille.

Bette Davis, est une ancienne enfant vedette rongée par l'amertume, enfermée dans le souvenir crépusculaire d'une notoriété révolue. La seconde, Blanche (Joan Crawford), qui vivait enfant dans l'ombre de sa sœur, a finalement trouvé la lumière sur les plateaux de cinéma. Immense actrice plébiscitée par Hollywood, sa carrière s'achève brutalement à la suite d'un accident de voiture où elle perd l'usage de ses jambes. Les deux sœurs vivent maintenant dans une même maison, théâtre d'un huis clos toxique où Jane, alcoolique et cruelle, maltraite Blanche, qui tente, en vain, de soigner et de calmer sa sœur. Par sa mise en scène, le film dissèque les relations malsaines entre les deux femmes, comme deux souris de laboratoire que l'on astreint au confinement et qui se laissent aller aux pires atrocités. Ce thème de l'enfermement, récurrent dans les films de sœurs – je pense à *Virgin Suicides* ou à *Mustang* – anéantit ici les liens fraternels et l'entraide, là où d'ordinaire il les renforce. Le film est captivant car il est une forme d'aveu, par Hollywood, de sa culpabilité : la machine hollywoodienne reconnaît son rôle et sa responsabilité dans cette mise en concurrence sans pitié, comme dans les drames qu'elle provoque. La réalité des vraies sœurs Havilland est entretenue, encouragée, par la fiction des sœurs Hudson. Le stigmate est posé, durablement installé.

La bonne distance

Chaque sœur doit donc se tenir à sa bonne place, et 2,7 mètres de traîne n'auront pas suffi à protéger l'aînée Middleton de sa dangereuse cadette. Comme les exemples fictifs ou réels qui précèdent, celui-ci aurait pu faire l'objet d'un tout autre récit, inspirer d'autres adaptations cinématographiques. Mon esprit farouchement optimiste – ou bêtement naïf? – aurait opté pour celui-ci: deux sœurs parvenant à de tels succès ne peuvent y arriver que par une admiration et un soutien mutuels, par la force des modèles qu'elles représentent l'une pour l'autre, par les perspectives qu'elles ouvrent plutôt que les barrières qu'elles dressent. Pourquoi l'histoire a-t-elle retenu la rivalité comme seul moteur ? Cette question fut pour moi l'une des plus difficiles à percer. Des différents témoignages que j'ai pu recueillir, ni la rivalité ni la jalousie ne s'imposaient comme sentiments majoritaires, qui écraseraient tous les autres. Nier leur existence serait une bêtise bien sûr, mais en faire l'alpha et l'oméga des relations entre sœurs relève de la caricature. Un point méthodologique biaise toutefois mes conclusions provisoires. On reconnaît volontiers les colères, les disputes, l'exaspération: les premières sont saines, les deuxièmes inévitables, la troisième naturelle. On avoue plus difficilement l'envie, la rivalité ou la jalousie, vilains sentiments condamnables, d'autant plus quand ils se développent au sein du cercle familial. Une dimension semble néanmoins échapper à cette retenue: la jalousie suscitée, encouragée ou entretenue par les parents semble moins répréhensible. Au fond, c'est le *système* parental qui est en cause, notre responsabilité dans l'émergence de ce sentiment honteux est limitée.

Si je me fie à ma propre situation, il m'est encore difficile de relier les conséquences et les causes. Mes sœurs et moi, par exemple, écrivons toutes les trois. Ma grande sœur d'abord, ma grande sœur surtout, aboutissement logique d'un parcours de lectrice vorace, semé d'excellentes notes en rédaction et récompensé d'une mention très bien au bac L – elle est aujourd'hui journaliste. La littéraire, c'est elle. Je ferai des maths – sans répulsion, mais sans grand enthousiasme. Quelques centaines d'équations, de congruences et de probabilités plus tard, il faut se rendre à l'évidence : les mathématiques, ce n'est pas vraiment pour moi. En commençant à écrire, presque adulte et bien après ma grande sœur, je pénétrai avec prudence sur un terrain qui n'était pas le mien. Étrangeté d'un monde nouveau, et en même temps familiarité d'un univers qu'une autre avant moi avait réussi à dompter. Mon inconscient défendrait peut-être la théorie contraire, mais je suis convaincue que ni la concurrence ni la quête de dépassement de l'autre n'ont joué dans cette *entrée en écriture*. Je ne l'aurais probablement jamais fait – ou pas de la même manière – si ma grande sœur n'avait pas été là pour prouver que c'était possible, pour montrer et ouvrir la voie. Mais là où elle écrivait de la fiction, je me consacrai aux essais, et notre benjamine – elle aussi devenue journaliste – au théâtre et à la poésie. Comme si, inconsciemment, nous cherchions à nous prémunir contre les conséquences qu'une rivalité trop frontale aurait sur nos relations. Chacune doit rester dans son périmètre, ne pas trop déborder sur celui des autres. Nous aurions donc nos arrangements tacites, formes d'anticorps sororaux machinalement inoculés pour nous protéger de la compétition.

C'est en écrivant ces lignes que je prends conscience que mes sœurs et moi avons agencé une partition, un découpage, maintenu un cordon sanitaire. J'ai longtemps mis ces rapports variés à l'écriture sur le dos de nos supposées différences. Je serais trop cartésienne et manquerais d'imagination ou d'esprit romanesque, mon aînée, au contraire, aurait trouvé la forme adaptée à sa nature romantique et passionnée, quand notre petite sœur enfin aurait privilégié les formes courtes ou dialoguées pour traduire son humour et l'originalité de sa pensée. Mais cette lecture est finalement assez artificielle, et tout ce qui nous sépare s'avère moins fort que ce qui nous rassemble (et un esprit cartésien ne fait pas nécessairement un mauvais romancier). Plus ou moins consciemment, nous délimitons nos zones, jaugeons celle de l'autre et, prudemment, nous en éloignons. Enfants, c'était plus simple, nos différences tenaient dans notre âge, notre caractère et notre couleur de cheveux : la châtain dans la lune, la blonde râleuse et la rousse rigolote, arguments cosmétiques apparemment banals, mais qui résumaient déjà nos singularités. Adultes, les choses se sont compliquées à mesure que nos relations s'enrichissaient, que nous prenions conscience de leur immense valeur et que nous redoutions de les abîmer (et que je cessais de râler, aussi). La belle partition s'avérera souvent inopérante, et ce découpage qui me semblait protecteur faillit à plusieurs reprises. Aurait-il pu en être autrement ? Nos vies seraient-elles plus simples si j'étais avocate et ma benjamine médecin ? Ou perdrions-nous, précisément, ce qui nous unit et peut aussi nous déchirer ? À toutes ces questions je n'ai pas la moindre réponse, ou je refuse d'en avoir. Mais si, dans la balance, l'on devait comparer le poids de la rivalité et celui de l'exemple, j'ai la conviction profonde que c'est le second qui l'emporterait sur la première. Certains jugeront cette lecture crédule ou idéaliste, ou la croiront insincère ; elle me semble tout simplement logique. Pourquoi la multiplication des vocations ou des réussites au sein d'un même foyer ne serait-elle motivée que par l'esprit de compétition et de revanche ? Que celui-ci y joue une part, assurément, qu'il en soit le plus puissant moteur, je suis convaincue du contraire. Les talents qui se rencontrent et s'alimentent au sein d'une fratrie ne sont pas les tristes rejetons du conflit mais les enfants bienheureux de l'inspiration.

L'odyssée des sœurs

Ces constructions, ces préjugés attachés au féminin et aux sœurs, on ne peut les comprendre sans revenir aux sources mythologiques, et aux lectures uniformes et parfois arbitraires dont elles ont fait l'objet. Dans sa très stimulante *Odyssée des femmes* (2023), Murielle Szac réhabilite des figures féminines mythologiques malmenées par l'histoire et les récits. Ève et Pandora[3], d'abord, accusées de tous les maux, mais aussi les trois sœurs de Zeus : Hestia, Déméter et Héra, aux pouvoirs et attributs jugés secondaires – autant de déesses ou de simples mortelles parquées depuis des siècles dans des narrations transmises *par* et *au* masculin. Des narrations qui en faisaient des êtres mauvais ou subalternes, ne pouvant susciter que la défiance et le ressentiment de leur propre sexe. Au commencement, il y a donc bien cette haine originelle des femmes envers elles-mêmes, qui déclencherait,

3 Pandora est la première femme humaine de la mythologie grecque. Enfreignant l'interdiction de Zeus, elle ouvrit par curiosité la boîte renfermant tous les maux du monde qu'il lui avait remise.

favoriserait tous les comportements suivants. Pour contrer ce funeste postulat, Szac se livre à un jouissif exercice de réécriture. La matière mythologique est vivante, elle appartient à tout le monde, et rien n'invalide a priori ni ne fige indéfiniment une interprétation plutôt qu'une autre. Szac rappelle le rôle déterminant que jouent les passeurs, ceux qui écrivent puis traduisent les textes mythologiques, dans le long cheminement qui mène ces récits à la postérité. Dans cette lignée qui va d'Homère à Anouilh en passant par Eschyle, Sophocle et Euripide, force est de constater que les femmes occupent une place marginale, sinon inexistante. Cette place, Szac la réinvestit de manière réjouissante, comme le font dans son sillage d'autres autrices et historiennes – je pense notamment à Simone Bertière[4] avant elle ou au *Brouillon pour une encyclopédie féministe des mythes* du collectif Les Jaseuses, publié en 2023.

Relativement absentes des grands récits consacrés, des figures de sœurs se découvrent si l'on fait, comme Szac, Bertière et Les Jaseuses, ce pas de côté. Les demi-sœurs Hélène et Clytemnestre, filles de la mortelle Léda, en sont deux des plus exaltantes. Des amours illégitimes de leur mère avec Zeus naquit la belle Hélène, et de ceux avec son époux Tyndare, Clytemnestre. Celle-ci sera toujours éclipsée au profit de sa sœur, présumée plus belle, et dont le rôle et le destin seraient plus importants. Aucune tragédie ne porte le nom de Clytemnestre et les exégètes auront

4 Surtout connue pour ses ouvrages sur les reines de France, elle fut aussi l'autrice d'une *Apologie pour Clytemnestre*, parue aux éditions de Fallois en 2004.

toujours tendance à simplifier, caricaturer son caractère et sa destinée. Entre les deux sœurs, il fallait trancher, et l'on a choisi la demi-déesse. L'une et l'autre ont pourtant joué des rôles tout aussi déterminants, et partagent des attributs qui renforcent la place des femmes plus qu'ils ne les marginalisent ou ne les condamnent. Hélène a épousé le roi de Sparte, Ménélas, dont Clytemnestre a épousé le frère, Agamemnon, roi de Mycènes. La fugue d'Hélène, qui quitte Ménélas pour le beau Pâris, devient le prétexte idéal pour déclarer la guerre à Troie – vous connaissez l'histoire. Clytemnestre, de son côté, règne sur Mycènes pendant que son mari est à la guerre et fomentera, jusqu'à son retour, l'assassinat de celui-ci, afin de venger sa fille Iphigénie – qu'Agamemnon avait accepté de sacrifier pour que les dieux lui soient favorables –, mais aussi son premier mari Tantale et leur premier enfant, tous les deux assassinés par son époux. Szac explique bien dans son livre que l'on attribuera à cette vengeance d'autres raisons : celui du crime passionnel et de la furie d'une femme adultère. « D'Homère aux écrivains de notre temps, écrit Szac, tous condamnent en Clytemnestre, meurtrière de son mari, ce que la femme peut avoir de plus effrayant. On s'accorde pour refuser les motifs les plus plausibles à son action, et pour expliquer celle-ci par de bas instincts passionnels. [...] En réalité, par son acte, Clytemnestre pose avec force des questions concernant la place et les droits des femmes. » Et de conclure : « Reste que le véritable motif de cet assassinat [...] range bel et bien Clytemnestre dans la catégorie des femmes qui revendiquent l'égalité de leurs droits. » Même lecture erronée pour Hélène, que l'on réduira trop souvent à cette femme fatale infidèle, trop belle pour avoir de la suite dans les idées, manipulable et manipulée. Là encore, les exégètes ont manqué d'imagination.

Alors que les passeurs patentés ont voulu opposer Hélène et Clytemnestre, ou les réunir dans un même carcan de femmes fatales et volages, une relecture féministe du mythe fait émerger deux figures de demi-sœurs audacieuses, courageuses, qui écoutent leurs pulsions et refusent de renoncer à leurs désirs. « Les deux sœurs, la plus belle femme du monde et la femme de tête comme de pouvoir, partagent beaucoup plus qu'on ne le croit. L'une comme l'autre incarnent des figures de femmes qui refusent la domination masculine et rejettent les codes et les cadres qu'une société voudrait leur imposer. » Tout est donc, une fois encore, affaire de lecture et de choix. Dans le château de mes sœurs, on ne cède ni aux binarités faciles ni aux raccourcis misogynes, et c'est à ces conditions-là qu'émergent de belles et stimulantes histoires.

Si ce n'est toi, c'est donc ta sœur

Au-delà des mythes, cette prévalence de la rivalité féminine puise également ses racines dans des traditions ancestrales bien réelles, que l'anthropologie a étudiées dans le détail, comme l'a fait Françoise Héritier dans son ouvrage *Les deux sœurs et leur mère*. Elle y décrypte la pratique du sororat, qui constitue l'une des clés nous permettant d'appréhender cette rivalité. Des lois hittites du deuxième millénaire avant notre ère jusqu'aux législations contemporaines, elle examine comment la question de l'union d'un homme avec « les deux sœurs » a été appréhendée, tantôt proscrite, tantôt bafouée, tantôt plébiscitée. Dans le droit civil comme dans le droit canon qui tentent de l'encadrer et, majoritairement, le condamnent, elle met en évidence l'existence de ce qu'elle appelle un « inceste du deuxième type », portant sur la possibilité, pour un homme, de s'unir avec la sœur de son épouse défunte[5]. Deux sœurs sont-elles du même ?

Pour Héritier, ce débat « met en jeu ce qu'il y a de plus fondamental dans les sociétés humaines : la façon dont elles construisent leurs catégories de l'identique et du différent ». Les interrogations autour de l'interdit traduisent d'abord l'asymétrie fondamentale entre hommes et femmes, puisque la question se posait quasi constamment du point de vue de l'homme pouvant, ou non, épouser deux sœurs – la question symétriquement inverse, celle de savoir si une femme pouvait épouser le frère de son mari défunt, étant minoritaire. Revenant sur les motivations qui ont présidé à la rédaction de son livre, Héritier écrit : « J'ai intitulé cet ouvrage *Les deux sœurs et leur mère* en raison des textes rencontrés qui parlent au masculin, c'est-à-dire qui présentent les prohibitions par rapport à un homme, à un Ego masculin. » Une étude portant sur la pratique du sororat et son pendant masculin, le lévirat, à la fin du XVIIIe siècle confirme cette prévalence[6].

5 La question se pose également après un divorce, et dans le cas où la première femme est stérile ou dans l'incapacité d'offrir une descendance à son époux.

6 Jean-Marie Gouesse, « Épouser les deux sœurs », *Annales de Normandie*, n° 1, 1982, p. 253-267.

En examinant les dispenses accordées par l'Église pour contourner cet interdit de « l'inceste du deuxième type », l'étude relève que 80 % d'entre elles concernent des veufs qui demandent à épouser la sœur de leur femme défunte et 20 %, des femmes souhaitant épouser le frère de leur défunt mari. « Ceci va assez banalement dans le sens des observations qui ont pu être faites sur l'inégalité des sexes devant le remariage et sur la dégradation de statut que le veuvage impose aux femmes », conclut l'étude. La levée progressive des interdits traduit cette inégalité : au Royaume-Uni, où le sujet a fait l'objet de longs débats, le *Deceased Wife's Sister's Marriage Act*, « l'acte sur le remariage avec la sœur de l'épouse décédée », est adopté en 1907. Un homme peut donc, en toute légalité, épouser la sœur de son épouse décédée[7]. Mais ce n'est qu'en 1921 que le cas symétrique est admis pour une femme, qui pourra épouser le frère de son mari décédé après l'adoption de la législation miroir mais retardataire : le *Deceased Brother's Widow's Act*. Les historiens qui se sont penchés sur le sujet soulignent toutefois que cet amendement était plus une réponse aux problèmes démographiques liés à la mortalité des hommes pendant la Première Guerre mondiale qu'un questionnement du modèle britannique, très conservateur en matière de sexualité, de conjugalité et d'égalité femmes-hommes.

Les défenseurs de cette pratique avancent toujours les mêmes arguments : en épousant la sœur de sa femme

---

7 Le *Deceased Wife's Sister's Marriage Act* a depuis été abrogé, mais il reste possible d'épouser la sœur de son épouse défunte.

défunte, un homme donnerait la meilleure des mères aux enfants qu'il a eus de sa première épouse. Comme le souligne Héritier, « on trouve l'idée populaire implicite que deux sœurs sont pratiquement la même chose, et donc que remplacer une sœur par sa sœur revient au même ». Des stratégies d'héritage entraient aussi en ligne de compte : si les deux sœurs n'avaient pas de frère, épouser sa belle-sœur permettait d'hériter sans partage de sa belle-famille.

Il est frappant de constater par ailleurs que même les opposants à la pratique du sororat, loin d'être d'ardents défenseurs de la cause féminine, basaient leur argumentation sur des postulats misogynes. Lors des débats législatifs houleux qui eurent lieu à la Chambre des lords au début du XXe siècle, des experts pouvaient ainsi plaider en faveur de l'interdiction en se fondant « sur une prétendue jalousie sexuelle des sœurs entre elles qui rendrait la vie du couple impossible[8] ». Un préjugé que l'on retrouvait déjà dans le *Lévitique*, qui stipule : « Tu n'épouseras pas la sœur de ta femme, ce serait exciter une rivalité en dévoilant sa nudité à côté de ta femme pendant sa vie[9]. » Pour ses détracteurs, admettre cette loi corruptrice, c'était introduire d'emblée la suspicion entre les sœurs, la mariée voyant dans sa sœur une rivale potentielle et mortelle. De son côté, la possibilité ouverte par la législation permettait au mari de voir en sa belle-sœur une épouse potentielle, ce qui provoquerait inévitablement une inclination pour elle.

---

8 Françoise Héritier, *Les deux sœurs et leur mère. Anthropologie de l'inceste*, Odile Jacob, 1994.

9 Lévitique 18.

La part manquante

Le titre retenu par Héritier, *Les deux sœurs et leur mère*, a éveillé en moi de nouvelles réflexions autour de la dualité. Si le nombre est l'ennemi du féminin, force est de constater qu'il a au moins la vertu de diluer la rivalité, là où le duo la stimule. Beaucoup des entretiens que j'ai menés avec des sœurs confirment d'ailleurs cette assertion : à deux, on se compare et on s'oppose. On vous compare et on vous oppose. Le cinéma le fait allègrement, jouant sur des dynamiques d'opposition pour construire des arcs narratifs efficaces, ceux de la bonne et de la mauvaise sœur, de la sage et la rebelle, celle qui réussit et celle qui échoue. Je pense notamment à *Blue Jasmine* (2013), dans lequel Cate Blanchett interprète une grande bourgeoise new-yorkaise qui, ruinée, doit se rendre chez sa sœur vendeuse dans un supermarché, mère divorcée de deux enfants, ou à la comédie *In Her Shoes* (2005), de Curtis Hanson, où Maggie (Cameron Diaz), belle, inconséquente et frivole, se retrouve « dans les chaussures » de sa sœur, brillante avocate, parangon d'austérité et de sérieux.

Dans les notices Allociné de ces films et de nombreux autres, la même formule revient, « deux sœurs que tout oppose », comme si l'opposition était consubstantielle aux fratries composées de deux sœurs. Comme si une sœur était toujours condamnée à une forme d'incomplétude. Seule l'addition des deux donne un être achevé, accompli. Aucun roman ne le démontre aussi bien que *Raison et sentiments* (1811), de Jane Austen : la raison pour l'aînée, Elinor, les sentiments pour la cadette, Marianne – une répartition convenue et répandue, arbitrairement liée à leur âge. Mais que valent les sentiments sans une once de raison, et la raison privée de sentiments ? Il faut bien un peu des deux pour faire une femme *totale*. Elinor, la sensée, se laisse alors submerger par la sensibilité de sa cadette, quand celle-ci finit par admettre que la raison si puissamment intégrée chez son aînée puisse guider ses choix. La littérature contemporaine reprendra elle aussi ces schémas, comme l'a fait la romancière canadienne Alix Ohlin dans son deuxième roman, *Copies non conformes* (2019), qui met en scène, sur une quarantaine d'années, deux demi-sœurs « profondément différentes et pourtant très liées », ou encore le célèbre roman de Katherine Pancol, *Les Yeux jaunes des crocodiles* (2006), reprenant cette même dialectique un peu usée.

À cause des garçons

À de rares exceptions près – le film *Qu'est-il arrivé à Baby Jane ?* en est une, puisqu'il passe aisément le test de Bechdel[10] –, cette rivalité se construit et se déploie autour d'un homme, qu'il s'agisse d'un père ou d'un amant.

Les pères, d'abord. Adolescente, *j'entrai* dans Balzac avec le plus connu d'entre eux, Goriot, dont l'auteur lui-même propose le résumé le plus efficace de son histoire : « Un brave homme – pension bourgeoise, 600 francs de rente – s'étant dépouillé pour ses filles qui, toutes deux, ont 50 000 livres de rente, mourant comme un chien[11]. »

10 Il est un petit peu question du père, certes, mais il se fait relativement discret et n'accapare pas les conversations de nos deux héroïnes.

11 Honoré de Balzac, *Pensées, sujets, fragments*, texte établi par Jacques Crépet, A. Blaizot, 1910.

Ajoutons à cette description sommaire que des filles, Goriot en a deux, Anastasie et Delphine, qui ne partagent que des défauts – la luxure, la jalousie, l'égoïsme, la manipulation… – et une obsession : être reçues dans les prestigieux salons du faubourg Saint-Germain de la vicomtesse de Beauséant. Goriot est prêt à tout pour satisfaire le bonheur de son ingrate progéniture. Si les deux sœurs ne se parlent plus depuis longtemps, si elles sont devenues rivales, ce n'est pas tant pour l'affection du père que pour son argent. De l'argent, Goriot en a de moins en moins, et il finit par mourir dans le dénuement le plus total, sous une mansarde de la maison Vauquer. Seul Rastignac est présent à ses côtés dans ses derniers instants, Anastasie et Delphine vaquant à d'autres occupations. Balzac dresse ainsi le portrait de filles gâtées, avides, cupides, dont la figure paternelle conditionne entièrement la destinée.

Sans nous éloigner des classiques, la rivalité activée et entretenue par la figure paternelle trouve l'une de ses illustrations les plus abouties dans *Le Roi Lear* de Shakespeare, où la perfidie des deux aînées de Lear, Goneril et Régane, détonne avec la droiture de leur cadette, Cordélia. Mises en concurrence par leur père qui les défie de rivaliser d'amour à son égard, les sœurs se disputent à la fois son héritage, son cœur et son royaume. La fin, là encore, vous la connaissez (spoiler pour ceux qui l'ignoreraient, elle n'a rien à envier au tragique de mon exemple précédent). L'histoire de Lear serait d'ailleurs inspirée de faits réels : le procès Annesley de 1604. Les deux filles aînées d'un dénommé Bryan Annesley auraient ainsi engagé une procédure visant à déclarer leur père sénile et incapable, afin d'hériter précocement de ses biens. C'est la troisième sœur, Cordell, qui s'y opposa et lutta sans relâche pour épargner à son père le déshonneur[12]. Le topos shakespearien du père face à ses filles sera très largement repris par la suite. Je pense notamment à son adaptation américaine contemporaine dans le roman *A Thousand Acres*[13], de Jane Smiley, prix Pulitzer 1992. Un fermier de l'Iowa décide de se retirer et de léguer sa ferme à ses trois filles, mais la troisième, Caroline, s'émancipe, quitte la ferme et devient juriste. De colère, son père la renie, la famille se désagrège, et le père subit les avanies de ses aînées.

Dans toutes ces adaptations, on retrouvera ce que j'appelle la « dialectique de Cendrillon » : la bonne sœur face aux deux harpies jalouses et mal intentionnées, et au milieu, le père, qui agit comme un catalyseur souvent dépassé.

Du père comme axe, l'on passe ensuite aux amants, maris ou prétendants. Ce sont les *Deux sœurs pour un roi* du film de Justin Chadwick, qui raconte l'histoire de Mary et Anne Boleyn, deux sœurs de la cour du roi d'Angleterre Henri VIII, qui entretiennent une rivalité fratricide et se disputent les faveurs du roi. Henri-Georges Clouzot en offre lui aussi, dans son film *La Vérité* (1960), une illusion virtuose. Les sœurs, interprétées par Brigitte Bardot et Marie-José Nat, sont Dominique et Annie Marceau, la blonde volage d'un côté, la brune trop sage de l'autre. Et au centre, Gilbert (Sami Frey), ami d'Annie d'abord, que

12 François Ost, « Chapitre VII. Le Roi Lear. Le père de Madame », in *Shakespeare. La Comédie de la Loi*, Michalon, 2012, p. 283-306.

13 Jane Smiley, *L'Exploitation*, traduit par Françoise Cartano, Rivages, 1993.

Dominique séduira ensuite. Et si la première fois que Dominique voit Gilbert, elle le qualifie de « petit connard pontifiant », elle en tombe vite amoureuse, dérobant à sa sœur un ami et, surtout, un potentiel amant. Toute l'intrigue du film, rythmée par le procès du meurtre de Gilbert, tourne autour de cette question : Dominique aimait-elle réellement Gilbert ou ne l'a-t-elle séduit que pour faire enrager sa sœur ? La pente naturelle de la cour et des jurés les mène inévitablement vers la seconde hypothèse.

Le petit écran se gargarise lui aussi de ces schémas, ajoutant au classique triangle amoureux, systématiquement hétérosexuel, le vernis sulfureux des deux sœurs. La très kitsch *Chronique des Bridgerton* ne s'en prive pas, comme dans la deuxième saison (2022) où le héros Anthony (incarné par Jonathan Bailey), soucieux de trouver une épouse digne de son rang, hésite huit épisodes durant entre deux sœurs venues d'Inde, Kate Sharma et sa cadette Edwina. Et si l'on quitte la fiction, l'histoire multiplie aussi ces situations où un homme, peu soucieux des condamnations millénaires qui pèsent sur la pratique du sororat, passe d'une sœur à l'autre. Je pense notamment à Frida Kahlo qui découvre en 1933 que son mari, Diego Rivera, la trompe avec sa sœur Cristina, histoire cruelle qui donnera naissance à son œuvre *Quelques petites piqûres*, et que relaieront amplement les médias de l'époque.

Cette place du masculin reste pour moi une énigme, que je tente de résoudre avec méthode (souvenez-vous, l'esprit cartésien). J'identifie trois niveaux de bascule potentielle, dont l'impact réel semble inversement proportionnel à celui que l'on en attend : la relation au père d'abord ; des sœurs convoitant ou étant convoitées par le même homme ensuite ; et, enfin, l'arrivée dans la vie d'une sœur d'un homme ou d'une femme qui vient l'extraire de sa fratrie. En écrivant ce livre, je constate que le premier niveau est évoqué par les personnes que j'interroge, mais il est rarement considéré comme matriciel ou à l'origine de bouleversements majeurs dans la fratrie. Je reviendrai un peu plus tard sur l'obsession œdipienne de la psychanalyse, et son immense décalage avec la réalité. Le deuxième est plus récurrent : oui, il existe bien des sœurs qui séduisent, tombent amoureuses ou couchent avec les mêmes hommes – à leur corps défendant, par plaisir, par vengeance ou par dépit. La fiction les raconte, la réalité leur donne vie. Mais c'est surtout le troisième niveau qui revient. Lorsqu'une sœur se met en couple, emménage avec quelqu'un ou se marie, quelque chose change, se fissure. C'est d'autant plus vrai lorsque cette bascule arrive tardivement, quand les sœurs ont quitté le foyer familial depuis longtemps, qu'elles ont vécu émancipées de l'autorité parentale mais sans pour autant s'être installées dans un autre foyer. Quelque chose d'important, d'adulte, s'est construit entre elles. Et ce quelque chose a tenu sans le masculin. Tout à coup, ce quelque chose vacille. Ce qui est en jeu alors, ce n'est pas la jalousie ni la rivalité, mais bien la perte.

Le film *L'Amour et les Forêts*, de Valérie Donzelli, adapté du roman d'Éric Reinhardt, en fait la glaçante démonstration. Virginie Efira y incarne simultanément le rôle de l'héroïne, Blanche, et celui de sa sœur jumelle, Rose. Lorsqu'elle tombe amoureuse de Grégoire (Melvil Poupaud), Blanche accepte un peu tout et n'importe quoi, et en premier lieu de quitter la côte normande où elle vivait près de sa sœur, pour suivre son nouvel amant dans l'Est de la France. La distance géographique se double rapidement d'un isolement psychologique qui vire à l'enfermement, au harcèlement et à la psychose. Grégoire la torture, la manipule, l'emprisonne, tout en affichant au dehors le visage rassurant du mari et du père aimant. Dans l'adaptation de Donzelli, qui s'éloigne du livre de Reinhardt, c'est sa sœur Rose qui la sauve et l'arrache à son terrible bourreau. Car ce sont souvent les sœurs qui alertent, préviennent, protègent.

C'est le cas dans ce qui est pour moi l'un des plus grands romans de la littérature moderne, *L'Amant de lady Chatterley*, de D. H. Lawrence. Quand Constance, l'héroïne, dépérit dans son manoir de Wragby, c'est Hilda, son aînée, qui accourt pour l'extirper du quotidien monacal et aliénant infligé par son mari. Hilda qui, ensuite, l'emmène à Londres pour respirer. Hilda qui la met en garde contre les charmes du séduisant Michaelis. Mais Hilda, aussi, qui, à la fin du roman, condamne sa relation avec le garde-chasse, incapable de comprendre les tenants de cet amour exorbitant. Malgré tout cela, les sœurs finissent par se retrouver, et les hommes – les maris, les amants occasionnels, le garde-chasse – repassent au second plan.

Les frères aussi

Bien sûr, les relations entre frères ne sont pas épargnées par ces rivalités, mais elles se matérialisent sur des terrains différents, plus nobles et spirituels, sans qu'une femme soit nécessairement au centre – c'est d'ailleurs très rarement le cas. Cette inégalité de traitement remonte aux sources bibliques. Si aucune fratrie, quel que soit le genre de celles et ceux qui la composent, n'échappe aux relations de tension et de jalousie, celles-ci s'expriment de manière totalement différente selon le sexe des protagonistes. Dans l'Ancien Testament, Caïn assassine Abel car il est jaloux de la faveur accordée à son frère par Dieu, qui a préféré son sacrifice. Il devient ainsi le premier meurtrier de l'histoire, introduisant une ère marquée par la violence, dont le fratricide est le point inaugural et culminant. Leur récit est celui du début de l'humanité et surplombe tous les autres. Ils ne *se crêpent pas le chignon*, expression redoutable par ailleurs, et ne se disputent pas non plus pour une femme. Ils sont bien au-dessus de ça. Comme Jacob et Ésaü, les deux fils jumeaux d'Isaac et de Rébecca, qui se battent déjà dans le ventre de leur mère et dont l'existence est ensuite jalonnée de rivalités et de combats. Mais à la fin, les deux frères se retrouvent et ce qui aurait dû être un combat se mue en réconciliation; ils enterrent leur père dans un esprit fraternel, ayant réussi à combattre la malédiction qui s'était abattue sur eux à leur naissance. « Jacob a gagné toute la bénédiction, Ésaü n'a rien perdu[14]. » Mentionnons enfin l'histoire de Joseph, vendu par ses frères jaloux à des marchands itinérants, qui le revendent ensuite en Égypte. Là encore, le mythe de Joseph et de ses frères se conclut par une résolution divine, porteuse d'enseignements salutaires pour l'humanité: la foi se développe chez Joseph, devenu entre-temps Premier ministre de Pharaon, et il comprend

14 Lévi Ngangura Manyanya, « Jacob a gagné toute la bénédiction, Ésaü n'a rien perdu. Respect et séparation. Un autre modèle de fraternité (Gn 33, 1-17) », *Études théologiques et religieuses*, vol. 85, n° 4, 2010, p. 479-498.

les moteurs haineux de ses frères. « Le mal que vous comptiez me faire, Dieu comptait en faire du bien », leur dit-il, introduisant une belle morale sur la maturité qu'exige la réconciliation et sur le rôle de la foi dans le pardon.

Chez les sœurs mythologiques ou bibliques, il n'est pas question de malédiction divine ni de l'avenir de l'homme sur terre, mais, inlassablement, de rivalité amoureuse – à l'image de Rachel et Léa qui épousent le même homme, Jacob. Mais le plus frappant, c'est que l'on retrouve très peu d'histoires de sœurs dans l'Ancien et le Nouveau Testament, comme si leurs trajectoires ne pouvaient inspirer de conclusions et morales divines. Deux sœurs citées dans la Bible dérogent toutefois à ce schéma : il s'agit de Marthe et Marie, les sœurs de Lazare, trio pour qui Jésus avait une grande affection – mais elles n'apparaissent qu'à deux reprises dans les évangiles. Plus proches de nous dans le temps, il est des sœurs qui pourraient être mises en avant par l'Église. C'est par exemple le cas de Rosa et Edith Stein, issues d'une famille nombreuse juive pratiquante, qui se convertirent au catholicisme et entrèrent à quelques années d'écart au Carmel avant d'être déportées à Auschwitz, où elles moururent ensemble dans une chambre à gaz en 1942. Edith, première femme à avoir soutenu en Allemagne une thèse de philosophie et assistante de Husserl pendant plusieurs années, a été déclarée sainte en 1987. Mais sa sœur et la relation qu'elles entretenaient ont été laissées pour compte – tout comme ses engagements féministes de jeunesse, notamment en faveur du droit de vote des femmes. Une seule fratrie de sœurs a peut-être échappé à ce tamisage systématique :

celle des sœurs Martin. La plus jeune des cinq filles, connue sous le nom de Thérèse de Lisieux, a été canonisée en 1925 et proclamée docteure de l'Église en 1997, plus d'un siècle après sa mort. Marie, Pauline, Léonie et Céline – ses quatre sœurs aux personnalités très différentes, toutes devenues carmélites – sont aujourd'hui un peu plus mises en lumière, mais elles font figure d'exception dans la tradition votive chrétienne.

On notera, avec une pointe de mauvais esprit, que ce sont les frères, et non les sœurs, qui s'entretuent : si le meurtre d'Abel par son frère Caïn et celui de Rémus par Romulus sont bien connus, la Bible regorge d'autres exemples, qu'il s'agisse d'Abimelech égorgeant ses frères afin d'hériter de son père et de devenir roi (Juges : 9, 5) ou d'Absalon commanditant le meurtre de son demi-frère Amnon qui avait violé sa sœur Thamar (2 Samuel : 13, 28-29).

On retrouve dans la littérature moderne ce décalage entre une rivalité fraternelle noble et spirituelle, et une rivalité féminine dont l'homme est l'unique adjuvant. Prenons l'exemple des frères Karamazov, presque contemporains des sœurs March. Dans le roman fleuve de Dostoïevski, chacun des trois fils, Aliocha, Ivan et Dmitri, représente un idéal type de la société russe de la fin du XIXe siècle : l'homme de foi, l'intellectuel matérialiste et l'impétueux pris au piège entre le vice et la vertu. Considéré comme l'un des chefs-d'œuvre de la littérature mondiale, le roman explore les thèmes philosophiques du divin, de la moralité et du libre arbitre. Les relations entre frères permettent cela, elles sont le réceptacle de cette grandeur, qu'importe les vices particuliers des protagonistes, toujours dépassés par l'universalité, la noblesse et la spiritualité des messages qu'ils renvoient. Rien à voir, une fois encore, avec nos sœurs March ou Bennet, dont la vie, les échanges et les destinées ne sont construites qu'autour des hommes.

Compter les points

Le 3 septembre 2022, Serena Williams est éliminée au troisième tour de l'US Open face à l'Australienne Ajla Tomljanović. C'est son dernier match en compétition, la fin d'une carrière hors norme qui a débuté trente ans plus tôt dans le ghetto de Compton en Californie. Au moment de faire ses adieux, en larmes, Serena remercie sa mère, son père, ce patriarche mentor par lequel tout démarre, et, bien sûr, sa sœur : « Il n'y aurait jamais eu de Serena sans Venus. C'est elle qui a permis à Serena d'exister. » Avec ces mots, Serena ferme le ban de la rivalité entre sœurs la plus suivie et commentée de l'histoire du sport international. Entrées par effraction dans l'univers élitiste et bourgeois du tennis professionnel, les sœurs Williams en ont bousculé les codes et chamboulé l'organisation – une déflagration qui suscita son lot de critiques et de détracteurs toujours plus violents. Leur ascension a été coordonnée par leur père, Richard, qui est aussi leur entraîneur, et dont la détermination et l'ambition sans borne sera toujours regardée avec méfiance. Que cherche-t-il vraiment ? N'orchestre-t-il pas lui-même les succès conjoints comme les luttes intestines au sein de sa progéniture ? Tout au long de leur carrière, on a cherché dans leur rivalité sur les courts une rivalité *entre femmes*. Lorsqu'en 2001 elles doivent disputer la demi-finale du tournoi d'Indian Wells, Venus déclare forfait quelques minutes à peine avant le début du match. Huées par le public, les sœurs Williams voient leur père accusé d'avoir instrumentalisé le forfait pour éviter leur rencontre en compétition. Quelques mois plus tard, elles s'affronteront pourtant bel et bien en finale de l'US Open. Le rôle de Richard sera sans cesse interrogé. Choisit-il celle qui va l'emporter ? Les accusations de manipulation et de tricherie jalonneront l'ensemble de leur carrière. La « rivalité entre les sœurs Williams » a même sa propre page Wikipédia, proposant, année par année, le méticuleux inventaire de leurs affrontements, sur les courts de tennis comme dans la vie. Lorsqu'on les interroge sur ce qu'il se passe quand elles jouent l'une contre l'autre, sur d'hypothétiques arrangements familiaux, les joueuses balaient la question avec élégance, revenant toujours à leur professionnalisme, à leur talent. En réalité, comme le titre le magazine *Time*, après le forfait de 2001, ce sont « les sœurs contre le reste du monde », et non les sœurs l'une contre l'autre. Contre le monde, contre les journalistes, contre les autres joueurs et joueuses qui n'acceptent décidément pas que ces deux phénomènes, inlassablement, résistent et dominent leur discipline.

Une fois encore, on a fait une mauvaise lecture des *sœurs puissantes*. Venus et Serena tireraient leur puissance de leur concurrence et non de leur solidarité. Quand, en 2002, elles perdent leur sœur aînée, assassinée dans le ghetto de Californie dans lequel elles ont grandi, puis quand Venus tombe malade et dégringole dans les classements internationaux, Serena chute aussi, avant de remonter la pente, comme pour venger sa sœur, venger ses sœurs, toutes ses sœurs. Comme l'a dit Serena lors de son dernier match, elle n'y serait jamais arrivée sans Venus. Et bien d'autres après elles n'y seraient pas arrivées non plus sans l'exemple des Williams. Coco Gauff, victorieuse de l'US Open en 2023 à seulement dix-neuf ans ; la Japonaise Naomi Osaka, qui réalise le doublé US Open en 2018 puis Open d'Australie un an après à seulement vingt et un ans ; ou encore Madison Keys, qui devient en 2009 l'une des plus jeunes joueuses de tennis à remporter un match sur le circuit WTA[15], à seulement quatorze ans. Toutes revendiquent cette filiation, cet héritage.

Si l'on s'intéresse à d'autres fratries sportives, on perçoit encore et toujours la différence manifeste de traitement. Laure et Florent Manaudou, par exemple. Certes, contrairement aux sœurs Williams, ils ne s'affrontent pas dans leur discipline, mais c'est surtout la différence de sexe qui semble les immuniser. « Ils sont très proches et la réussite du plus jeune se nourrit de celle de Laure », écrit *L'Obs*. « JO 2016, natation : Laure Manaudou fière et absolument pas jalouse de son frère », titre RMC Sport. Pour *Gala* : « Laure et Florent Manaudou : jamais l'un sans l'autre ». Quand *L'Équipe* interroge Laure à ce sujet, cette dernière répond : « On ne s'est même pas posé la question. Je suis une femme et lui un homme déjà, il ne peut pas y avoir de rivalité au niveau des résultats. [...] On n'a jamais pensé à

15 La Women's Tennis Association est la principale association sportive organisant les compétitions professionnelles de tennis des femmes à travers le monde.

la rivalité. Quand Flo a commencé à réussir, beaucoup de personnes m'ont demandé si je ressentais une forme de jalousie. Eh bien... non. C'est mon frère! Tant mieux s'il réalise des choses encore plus grandes que moi, c'est que mon expérience lui aura profité[16]. » Je ne trouve aucune interview au cours de laquelle on aurait posé les mêmes questions à Florent. Son statut de frère, frère d'une fille qui plus est, le prémunirait contre la jalousie, qui toucherait plus volontiers les filles. Même contraste lorsque l'on regarde les relations entre frères. Chez les champions de handball Nikola et Luka Karabatic, on ne trouve aucune trace de rivalité ni de jalousie non plus (j'ai bien cherché). « Les frères Karabatic: les deux font la paire », titre *Le Point*. Un portrait de Luka Karabatic du site Les Experts, consacré à l'équipe de France masculine de handball, décrit ainsi leur relation: « Les deux frères ont grandi dans une famille fusionnelle de quatre personnes, et bien mesquin[e] serait la personne qui pourrait déceler de la jalousie ou de la rivalité dans les mots du pivot à l'égard de son frère, ou même autre chose que de l'admiration et de l'amour. » Des formulations équivalentes pour des sœurs exerçant dans une même discipline, j'en ai bien cherché aussi, mais je n'ai rien trouvé.

Pas de divan pour mes sœurs

Cette concurrence supposée a été nourrie, documentée et amplifiée par la psychologie et la psychanalyse

16 Claire Byache, interview avec Laure et Florent Manaudou, *L'Équipe*, 25 mai 2018.

– laquelle a tardé (pardonnez-moi l'euphémisme) à se ranger du côté des femmes, comme en attestent les écrits de Freud[17] pour qui « l'envie et la jalousie jouent, dans la vie d'âme des femmes, un rôle encore plus grand que chez les hommes. Non que ces particularités se trouvent absentes chez les hommes ou que, chez les femmes, elles n'aient pas d'autre racine que l'envie de pénis, mais nous penchons à attribuer ce plus chez les femmes à cette dernière influence[18] ». Il faudrait des livres entiers pour déconstruire ces deux phrases. D'autres que moi s'y sont employés avec succès et leur travail fait précisément l'objet de cette dernière partie.

Mais commençons par nos sœurs. L'appréhension de leurs rapports par la psychanalyse s'est effectuée de manière lente et progressive. Deux grandes étapes l'ont précédée. La première, c'est celle d'une psychanalyse engluée dans son obsession freudienne pour le complexe d'Œdipe, qui n'envisage les relations entre frères et sœurs – on ne parle pas encore de relations singulières entre sœurs ni entre frères – que par le prisme des parents. Les relations fraternelles horizontales sont alors incapables de s'émanciper de la relation parentale verticale qui surplombe et – supposément – explique tout. Comme l'écrit la docteure en psychologie Lisbeth von Benedek, « pendant longtemps les psychanalystes ont pensé que les relations fraternelles

17 Rappelons ici que Freud avait cinq sœurs et qu'il eut deux filles, dont l'une, Anna, qui devint comme lui psychanalyste et qu'il surnommait « mon Antigone », ce qui aurait pu (dû ?) susciter un autre regard de sa part sur le « deuxième sexe ».

18 Freud, 1933a [1932]/1995, p. 209.

n'étaient que le résultat d'un déplacement des sentiments passionnels et ambivalents des enfants pour leurs parents et qu'elles n'avaient pas de spécificité. La dynamique relationnelle au sein de la fratrie a donc été sous-estimée[19] ». Dans cette logique, la rivalité est matricielle puisqu'elle détermine le rapport concurrent des enfants se chamaillant l'attention et l'amour de leurs parents, qu'il s'agisse des petites filles ou des petits garçons. La deuxième étape est survenue plus tard, lorsque la discipline s'est intéressée aux spécificités des relations à l'intérieur des fratries, notamment grâce à l'impulsion du médecin et psychanalyste autrichien Alfred Adler, dissident de Freud. Celui-ci a en effet « privilégié la dimension fraternelle en lui donnant un rôle constituant dans l'inconscient » et en posant les bases de ce qui deviendra le « complexe fraternel » ou le complexe dit « de l'intrusion »[20]. Mais même chez Adler, qui réintroduit d'ailleurs les rivalités dans l'univers des fratries tout en les horizontalisant, les relations sont toujours traitées de façon indifférenciée, qu'il s'agisse de frères, de sœurs ou des deux. Comme si cette horizontalité nouvellement investie pouvait s'appréhender d'une manière uniforme.

Si les rapports fraternels font désormais l'objet d'une littérature abondante, qui se décline dans la pratique des consultations, la rivalité et la jalousie continuent d'y occuper une place prépondérante, et la singularité des rapports sœurs-sœurs est toujours le parent pauvre des études. Plus exactement, elles s'inscrivent dans le

19 Lisbeth von Benedek, *Frères et sœurs pour toujours. L'empreinte de la fratrie sur nos relations adultes*, Eyrolles, 2019.

20 Bernard Brusset, « Le lien fraternel et la psychanalyse », article cité.

prolongement classique et linéaire d'une discipline qui s'est peu renouvelée ces cinquante dernières années. Il ne s'agit pas seulement d'ajouter une nouvelle branche, d'intégrer une nouvelle réalité à la pratique psychanalytique, mais bien d'en renouveler les fondements, d'en interroger les méthodes, d'en bouleverser les acquis, comme l'expliquent Patrice Maniglier et Silvia Lippi dans *Sœurs. Pour une psychanalyse féministe* (2023). Enferrée dans ses vieux schémas, à rebours de toutes les avant-gardes, parquée dans sa grammaire œdipienne et « structurée par la domination des hommes sur les femmes », la psychanalyse doit, selon les auteurs, faire sa révolution. Et pour cela, elle doit rompre avec son obsession sclérosante pour la figure du père. Soyons précis : la révolution dont il est question n'est pas un acte de déconstruction, mais de recommencement. Et le point de départ est celui d'une psychanalyse que Patrice Maniglier et Silvia Lippi qualifient de « sororale » et qui « prend au sérieux l'interpellation féministe ». Une psychanalyse dont le fondement est le « traumatisme partagé », un traumatisme comme symptôme, qui ne fait plus de son sujet une victime singulière, mais de ses sujettes un collectif renforcé. « Alors que nos traumatismes sont censés être ce qui nous isole, avec la sororité ils deviennent ce qui nous lie », écrivent les auteurs, pour qui il faut désormais considérer les femmes par leurs seules relations réciproques, sans référence au masculin, « par un certain régime de la relation, la sororité ». L'ambition (l'utopie ?) de Maniglier et Lippi n'est pas une provocation ni un affront, elle ne traduit aucun désir de rivalité ou de vengeance envers les hommes : « Cette révolte n'est qu'en apparence contre : l'ordre masculin ; elle est en réalité pour : le monde des sœurs, la reconquête de cette sororité inconsciente qui nous anime. » Conceptuellement stimulante, la thèse des deux psychanalystes semble néanmoins difficile à appliquer dans la pratique, elle donne d'ailleurs peu d'outils pour nous délivrer d'une encombrante rivalité, qui n'a toujours pas déserté l'arène familiale ni le champ psychanalytique.

C'est du côté de Melanie Klein, psychanalyste austro-britannique contemporaine de Freud et d'Adler, que j'irai donc chercher ma conclusion provisoire. Pour Klein, le désir fratricide originel, bien réel, est corrigé par ce qu'elle appelle « le désir de réparation ». La réparation, c'est la prise de conscience d'un mal ou d'une faute, et le désir farouche d'en être acquitté. Pour réparer, il faut d'abord prendre conscience de la faute, s'engager dans une démarche d'apaisement, composer avec la culpabilité, s'en émanciper. Cette notion, qui est plutôt utilisée chez Klein pour expliquer le rapport de l'enfant à la mère, me semble bien plus féconde car elle préjuge d'une évolution. Celle de l'enfant qui a bien été touché, petit, par la rivalité, la jalousie ou l'envie. Mais ce même enfant a pris conscience de la bassesse de ces sentiments, de leur caractère stérile et déplacé, et s'engage ensuite dans un processus, plus ou moins conscient, de réparation. À des degrés plus ou moins forts, la culpabilité tirée d'une rivalité ou d'une hostilité infantile deviendrait donc le substrat d'une relation adulte consciente et apaisée. Il ne s'agit pas seulement de culpabilité et de rédemption – dont les moteurs demeurent fondamentalement égoïstes –, mais de réparation et de construction collective. Nier la rivalité entre sœurs est donc bien une bêtise ; la réparer puis la dépasser devient, dès lors qu'on l'accepte, une revigorante étape.

4. LES INTROUVABLES
NOUS NE VIEILLIRONS PAS ENSEMBLE

Elle me dit qu'elle n'a pas fait exprès et je la crois. Sur la table de la salle à manger d'Hélène cet après-midi-là, pour boire notre tisane à la cannelle, il y a l'un de ces mugs bicolores de la maison d'édition britannique Penguin Books, sur lequel est inscrit, en lettres capitales, ce célèbre titre : *Pride and Prejudice*. Acte manqué, coïncidence ou hasard : mes sœurs sont décidément partout. Hélène est la mère de l'une de mes meilleures amies, Margot, elle a cinquante-huit ans, et je la connais depuis une petite dizaine d'années. Je la croise régulièrement dans le quartier avec sa grande sœur, Cécile, et je tombe des nues lorsqu'elle m'apprend qu'elles ont douze ans d'écart. Leur proximité, leur complicité, leur ressemblance en faisaient pour moi des presque-jumelles. Je connaissais aussi l'existence d'une seconde sœur, Anne, qui vit en province. Mais je découvre au fil de notre échange que la fratrie comprend également un frère, Georges, grand absent des récits familiaux transmis par Margot. Hélène rentre d'une semaine dans le Sud de la France où elle a passé Noël avec ses deux sœurs – respectivement soixante-dix et soixante-quatre ans. L'une n'a jamais eu d'enfant, l'autre en a quatre, Hélène en a deux, mais ils sont grands maintenant. Aujourd'hui, elles forgent une nouvelle proximité, expurgée des enfantillages et des différences d'âge.

À la caisse du supermarché où elles ont fait leurs courses pour les fêtes, on les appelle les Dalton et on s'amuse de leur ressemblance, on relève les similitudes de leurs voix. Hélène est donc redevenue une sœur. En réalité, elle n'a jamais cessé de l'être, mais vingt ans à élever des enfants, avec plusieurs emplois, forcément ça vous éloigne.

Que deviennent les sœurs lorsqu'elles ne sont plus des enfants cohabitant ? Ni de jeunes adultes célibataires comme mes sœurs et moi ? Parler des sœurs avant leur entrée dans l'âge adulte est un exercice sinon facile du moins balisé, nourri de très nombreux exemples. Je les visualise, je les côtoie, je les saisis dans leurs nuances. Mais une fois qu'elles ont passé trente ans, mes hypothèses se brouillent, mon sujet s'évapore. Après *Les Petites Filles modèles* et *Les Demoiselles de Rochefort*, la lignée s'arrête. Que deviennent-elles à quarante ans, au-delà des exemples cinématographiques et littéraires que j'ai traités précédemment ? Où sont-elles passées, mes Jo March, mes Elizabeth Bennet et mes Lux Lisbon ? Et que deviennent-elles lorsqu'elles n'appartiennent plus à cette agréable ribambelle de petites filles plus ou moins modèles ? Les options sont limitées. La disparition pure et simple d'abord, l'absorption par le statut d'épouse ou de mère ensuite, la marginalisation enfin. Une marginalisation qui les fait passer, sans transition, du statut de jeunes sœurs à celui de vieilles tantes, figures qui charrient leur lot de représentations caricaturales et trompeuses, tout particulièrement la vieille tante sans enfant, archétype honni d'une féminité incomplète et solitaire.

Ces réflexions résonnent de façon particulière pour moi : célibataire et sans enfant, et peu disposée dans l'immédiat à remédier à l'une ou l'autre de ces situations, je vois la menace se profiler au-dessus de ma tête, avec son gros nuage de vieilles filles mal aimées. Cette menace, il me faut la dissiper.

La séparation

Que deviennent les sœurs en vieillissant? La réponse, partiellement documentée par les études démographiques de l'Ined et de l'Insee, tombe sous le sens: avec l'âge, les sœurs s'éloignent. « Très intenses lors de la jeunesse, les relations entre germains déclinent substantiellement à l'âge adulte, au moment de la mise en couple, et plus encore lorsque les enfants sont nés. Cette inflexion illustre la position structurale seconde des germains par rapport aux parents en filiation directe: une fois la famille de procréation constituée, les relations de filiation l'emportent nettement; en outre, si les germains se fréquentent beaucoup étant jeunes, c'est aussi en partie grâce à leurs père et mère. Seule la présence de neveux peut partiellement compenser cette position structurale seconde du lien de germanité[1]. » Les dynamiques au sein de ma propre famille confirment cette analyse. Entre deux études démographiques austères, je découvre, par l'intermédiaire de ma grand-mère paternelle, des textes bouleversants rédigés à la main par sa grande sœur Yvonne (elles étaient trois filles: Colette, l'aînée, Yvonne, la cadette et Monique, la benjamine). Elle y recense les souvenirs (d'une impressionnante précision)

1 Emmanuelle Crenner, Jean-Hugues Déchaux et Nicolas Herpin, « Le lien de germanité à l'âge adulte: une approche par l'étude des fréquentations », *Revue française de sociologie*, vol. 41, n° 2, 2000, p. 211-239.

de sa relation avec ma grand-mère – souvenirs appartenant quasi exclusivement à la période de l'enfance, quand elles habitaient à Charleville-Mézières. Le récit de leurs jeux et de leurs discussions se mêle à ceux de la guerre et de la mort prématurée d'une autre petite sœur, Annette, dont j'ignorais l'existence. Très tôt, les jeux et les souvenirs en commun s'interrompent. Les deux fillettes sont scolarisées dans une pension religieuse tenue par des sœurs dominicaines et leur proximité s'étiole progressivement. « À partir de là, écrit Yvonne, nous sommes devenues indépendantes l'une de l'autre. » Elles ont onze et quatorze ans seulement. Cette indépendance prendra un tournant plus radical encore lorsqu'elles se marieront et fonderont leurs propres foyers. « Ça n'est pas qu'on s'est perdues de vue. Mais ça n'a plus été pareil. » Yvonne a beau chercher, elle ne trouve rien de plus récent. Pour elle comme pour ma grand-mère, cet éloignement était à l'époque dans l'ordre des choses, on ne se posait pas la question. Il y avait le temps de l'enfance, qui était un temps pour les sœurs. Et puis le temps de l'âge adulte, dont elles ne sont pas exclues, mais où elles sont reléguées à l'arrière-plan. Cet éloignement, qui par la voix de ma grand-mère et des sociologues cités plus haut paraît tout à fait logique, m'a toujours interrogée.

Comment des êtres qui avaient été si proches pouvaient-ils, à l'âge adulte, s'éloigner parfois définitivement ? Comment peut-on passer des années de vie commune – même toit, même école, mêmes vêtements –, puis disparaître presque instantanément des vies des uns et des autres ?

Certains me répondront avec sarcasme que la réponse est dans la question. Mais cet éloignement reste pour moi une énigme. Les relations fraternelles à l'âge adulte cumulent pourtant de nombreux atouts : elles sont délestées de tout lien hiérarchique et exemptes de normes ou d'obligations statutaires. Elles ont à la fois les avantages de la filiation directe – la robustesse de ses liens en particulier – et aussi ceux de l'amitié – la liberté d'en jouir comme bon nous semble, sans codes ni autorité. Dans leur jeunesse, on tolère la proximité, le compagnonnage des sœurs. Plus tard, ce même compagnonnage menace et effraie. Des sœurs qui resteraient ensemble passé l'âge prescrit – celui du couple et de la construction d'un foyer – rompent avec les conventions, en défient la stabilité. Ces relations à l'âge adulte peuvent même faire figure de repoussoir, ce sont toutes ces vieilles tantes un peu sorcières qui manigancent dans un obscur manoir, celles du film *Hocus Pocus*, de Kenny Ortega, ou les deux mamies tueuses d'*Arsenic et vieilles dentelles*, de Franck Capra.

Vieilles filles

Dans le roman de Germaine Acremant *Ces dames aux chapeaux verts*, paru en 1921, on peut lire le parfait condensé de ces a priori qui pèsent sur les *vieilles-filles-sans-enfant*. L'histoire raconte les aventures d'une jeune femme, Arlette, contrainte de quitter Paris pour s'installer chez de lointaines cousines du Pas-de-Calais : quatre sœurs, âgées de trente-cinq à soixante-cinq ans, « aussi grotesques que surannées », vivant recluses dans une maison que l'autrice décrit comme un sinistre couvent. Au-delà de la caractéristique vestimentaire qui les unit – les chapeaux verts –, les sœurs Davernis partagent une même vie bigote, renfermée, ridicule ; vie d'avarice et de pudibonderie. Pour Arlette, elles incarnent l'image cauchemardesque de la vie provinciale, couplée à l'image tout aussi cauchemardesque d'un célibat qui se prolonge, s'entretient et se multiplie, avec ses petites habitudes rigides, ses odeurs de tabac et de naphtaline, ses cœurs secs, inaptes aux transports amoureux. Comme l'écrit Agnès Mannooretonil dans la revue *Études*[2] : « Au fond, les ressorts de la satire de cette féminité échouée, saccagée par la perpétuation de la vie en commun des sœurs, sont les mêmes que ceux de la satire habituelle de la vie de couvent : enlaidissement, indifférenciation apparente masquant un système très au point de petites rivalités et de jeux de pouvoir. » La philosophe ajoute : « Toute proportion de génie gardée, la leçon n'est pas différente de celle que Denis Diderot martèle dans son article "Célibat" de *L'Encyclopédie* et distille dans *La religieuse*[3] : la seule voie possible pour l'émancipation et l'accomplissement de la féminité, c'est l'amour d'un homme. »

Ces dames aux chapeaux verts, avec son image délétère et viciée des vieilles sœurs célibataires, rencontra un succès fulgurant, entraînant dans son sillage plusieurs adaptations, toutes couronnées d'un même triomphe, à commencer par le roman *Sorelle Materassi* (« Les sœurs Materasse ») (1934), de l'Italien Aldo Palazzeschi, tirant la ficelle d'une

2 Agnès Mannooretonil, « La sororité, pour quoi faire ? », *Études*, n° 12, 2021, p. 91-104.

3 Ce roman de Diderot, publié à titre posthume en 1796, raconte l'histoire de Suzanne Simonin qui, consacrée contre son gré, se bat pour échapper à la vie religieuse.

féminité monotone et repoussoir, que seule l'introduction d'un personnage masculin pourra rehausser. Conclusion provisoire et désespérée : mes sœurs ne vieilliront pas ensemble.

Se retrouver

Cet inéluctable éloignement avec l'âge, des anthropologues américains progressistes en prédisaient pourtant la fin dès les années 1960. Assimilant les relations entre germains à la quintessence de la modernité sociale, Elaine Cumming et David Schneider dessinaient les contours d'un futur proche où les frères et sœurs devenaient les nouveaux piliers de la sociabilité familiale contemporaine, portée par la montée en puissance de l'individualisme et la baisse de la natalité[4]. L'individualisme a bien progressé, la natalité a bien régressé aussi, mais les relations entre frères et sœurs n'ont pas évolué pour autant – du moins, aucune étude statistique ne peut l'affirmer. Le lien entre frères et sœurs à l'âge adulte reste donc structurellement secondaire par rapport au lien de filiation direct, celui qui unit des parents à leurs enfants. Mon étonnement face à ce constat peut sembler naïf ou chimérique – pourquoi deux êtres humains, parce qu'ils ont le même père et la même mère, devraient-ils nécessairement s'entendre et passer la majeure partie de leur temps ensemble ? Il est pourtant raffermi par beaucoup des témoignages que j'ai pu récolter.

Sirotant sa tisane dans son mug à l'effigie des sœurs

4 Elaine Cumming et David M. Schneider, « Sibling solidarity: A property of American kinship », *American Anthropologist*, vol. 63, n° 3, juin 1961, p. 498-507.

Bennet, Hélène me raconte les disputes et les tensions de l'enfance, mais elle me parle surtout de sa conviction profonde qu'elle pourra toujours compter sur Anne et Cécile. Celles avec qui elle a eu et aura les plus gros fous rires de sa vie, ce sont encore elles, et la mort récente de leurs deux parents n'a fait que renforcer ce lien, qui n'est pas qu'une sclérosante convention bourgeoise ni une simple donnée biologique arbitraire. Il y a bien quelque chose, et peu importe quel système – naturel, social, économique – l'a rendu possible. Ce lien existe, il est solide et irremplaçable. Je conçois bien sûr qu'il puisse y avoir des exceptions, que des sœurs comme des frères puissent s'ignorer ou se haïr, mais – par excès d'optimisme sans doute – j'ai toujours voulu croire qu'elles étaient, au fond, minoritaires, qu'il était encore possible de les réparer. Je me souviens par exemple avoir été très mal à l'aise devant le film *Frère et sœur* (2022), d'Arnaud Desplechin, qui met en scène les violentes inimitiés d'un frère (Melvil Poupaud) et de sa sœur (Marion Cotillard). Leurs engueulades sonores et leur sadisme partagé me paraissaient aussi irréalistes qu'incompréhensibles. Desplechin n'a certes jamais porté un regard mièvre ni tendre sur les dynamiques familiales, mais je parvenais toujours à trouver dans ses autres films un brin de complicité et d'espoir. Celui-ci en était dénué.

Cette relation singulière qui selon moi lie les membres d'une même fratrie, défie néanmoins ma logique sur un point. Elle m'a en effet toujours semblé en contradiction avec mon faible désir d'enfant. Ma proximité avec mes sœurs, notre complicité auraient pu susciter chez moi le désir de la reproduction, au sens de « réplique ». Il aurait fallu restituer à ma façon cette chose si précieuse que l'on m'avait donnée, la refaire à mon échelle, dans mon foyer.

Progressivement, et tout particulièrement grâce à l'écriture de ce livre, ce qui me semblait être un non-sens s'est imposé, soudain, comme une évidence. Vouloir reproduire, ç'aurait été considérer que ce que nous possédions déjà ne suffisait pas, que mes sœurs et moi formions un collectif volatil et transitoire, qui devait nous préparer à autre chose de plus grand et de plus pérenne, en l'occurrence la maternité. Comme si cet « état de sœurs » était incomplet, lacunaire, incapable de se suffire à lui-même. Durée de vie limitée. Date de péremption bientôt atteinte. Alors même que nos relations continuaient de se développer avec l'âge, tout, dans le monde qui nous entoure, nous enjoint à en sortir. Il faut se mettre en couple, se marier, il faut faire des enfants. Au moment où j'écris ces lignes, les débats autour de la natalité sont omniprésents en France. Il faut « réarmer » le pays démographiquement, participer à cet effort national de repeuplement, face à une natalité en berne, dans un pays qui s'est longtemps enorgueilli de ses performances en la matière. Ce dirigisme des ventres me paraît totalement décalé, mais ce hiatus accélère ma prise de conscience et rehausse soudain notre relation de sœurs à un niveau supérieur : celle-ci n'est la préparation de rien, l'antichambre d'aucune situation plus enviable, elle est quelque chose de précieux en soi. Relation autosuffisante, souveraine et triomphante, pleine de défauts et de dysfonctionnements bien sûr, mais qu'aucune autre ne remplacera. Mon épanouissement dans le célibat pourrait trouver ici une explication parcellaire. Elle est incomplète, mais elle doit bien jouer sa part. Vivre dans un environnement majoritairement féminin pendant au moins dix-huit ans, sans éprouver de frustration ou de manque, conditionne votre rapport au masculin et au couple hétérosexuel. Je ne dis pas que cela vous incite à vous passer des hommes toute votre vie – il n'y a pas de misandrie primaire ni de rejet du couple dans ce que j'écris –, mais cela vous convainc que vous pouvez très bien vivre sans eux. Je suis certaine que si j'avais eu un frère, j'envisagerais les choses différemment, la perspective du couple aurait peut-être été plus urgente, plus impérative pour moi. Le collectif que vous créez, adulte, avec vos sœurs est en soi une nouvelle forme de lien familial et social, mais qui n'est pas valorisé ; dans une société qui manque terriblement de créativité et d'audace dès qu'il s'agit d'envisager le développement de nouveaux rapports humains[5], on ne lui donne ni nom ni substance.

Le choix de mes sœurs

Grandir contenait pour moi une formidable promesse : celle de sortir du cercle de l'autorité et de la contrainte pour embrasser celui de l'initiative et du choix. Cette promesse m'a permis, en « vieillissant », d'acquérir une certaine maîtrise de ma vie sociale, de réussir à ne plus me forcer à faire quoi que ce soit dans ce domaine. Et il ne s'agit en aucun cas de l'expression d'un égoïsme forcené nourri par mon incurable célibat. Choisir de faire ou de

5 Voir à ce sujet le podcast de Victoire Tuaillon *Le cœur sur la table* (Binge Audio, 2021).

ne pas faire, avec qui, quand, comment et pourquoi, c'est avant tout se connaître et se respecter. Mes sœurs et moi avons été « contraintes » de cohabiter pendant dix-huit ans. Cohabitation poussée à son paroxysme puisqu'elle entraîne un partage d'intimité, de honte, de frustration. Quand vos parents vous engueulent : vos sœurs sont là. Quand vous voulez être seule avec votre petit ami en rentrant du collège : elles sont encore là. Quand vous voulez pleurnicher dans votre lit le soir : elles sont toujours là, et si vous êtes celle du milieu, il y a de fortes chances qu'une d'elles soit dans le lit voisin. Que nous ayons traversé tout ça et fait, adultes, le choix souverain de continuer à nous voir *sur la base du volontariat* peut paraître masochiste ou idiot, mais j'y vois personnellement une magnifique déclaration d'amour. Cet être qui a été ma contrainte, ma rivale, mon ennemie, celle qui a éveillé chez moi ce fantasme de l'enfant unique… eh bien, celle-là, je l'aime quand même. Ou je l'aime parce que. Bien sûr, certains font le choix inverse, coupent les ponts, abandonnent, tentent d'oublier – pour des raisons parfois plus graves et sérieuses que les désagréments liés à la cohabitation que je viens de mentionner.

Ce choix me paraît d'autant plus fort qu'il n'est dicté par aucune injonction sociétale ni commerciale. Personne n'a intérêt à ce que mes sœurs et moi continuions à *faire sœurs*. Les contes de notre enfance ne nous ont jamais promis : « Elles ne se marièrent pas et vécurent heureuses en sororité. » Les séries de notre adolescence nous incitaient par petites touches à maintenir le lien, mais ce n'est pas la principale leçon que je retiendrai des milliers d'heures de visionnage de *Friends* ou de *Sex and the City*.

Ce choix de faire sœur est donc doublement souverain : il est un choix d'adulte qui s'émancipe des souvenirs et des rancœurs de l'enfance ; et il n'est dicté par aucune norme ou injonction dominante, qu'elle soit sociale ou familiale. La place que je donnerais dans ma vie à un conjoint, par exemple, resterait bien sûr un choix personnel, mais celle que je donne à mes sœurs est bien davantage l'expression de mon libre arbitre. Même les parents, s'ils sont soucieux de l'entretien de bonnes relations entre leur progéniture, ne font que très rarement de celles-ci une fin en soi, un objectif à atteindre. Construire une relation horizontale suffisamment forte pour qu'elle vous libère des autres, ça, nombreux sont ceux qui n'y pensent tout simplement pas.

La brigade des tantes

Mes échanges avec Hélène, et la description de la relation que ses sœurs entretenaient avec ses enfants, initient une nouvelle réflexion sur ces *autres sœurs* : les tantes. Je me souviens du lien très particulier qui nous liait mes sœurs et moi, enfants, aux sœurs de ma mère, et notamment sa petite sœur, Sophie, que nous surnommions Tato. Éternelle célibataire et sans enfant, elle était notre nounou, notre amie, notre confidente. Lectrice compulsive, fumeuse invétérée aussi, avec ses ongles et sa bouche toujours peints en rouge, elle incarnait quelque chose de décalé, d'émancipé, et de terriblement féminin. Elle était celle avec qui nous bravions tous les interdits : du trafic de paquets de bonbons aux mauvais films, en passant par les exemplaires de *Gossip Girl*, les oreilles percées ou les jupes trop courtes. Au royaume de Sophie, nous étions, par

intermittence, libérées des petites filles modè
credo. Et puis mes sœurs et moi avons grandi, de
nous avons cessé de la voir, cessé de l'appeler. Sophie est devenue cette tante un peu bizarre, à rebours des trajectoires habituelles, mentant un peu, buvant beaucoup, de plus en plus isolée. Le soir où nous avons appris son décès, il y a quelques années, mes sœurs et moi nous sommes donné rendez-vous chez mon aînée. Je garde un souvenir intact de cette soirée, où la tristesse et le deuil se mêlaient aux souvenirs mélancoliques, aux rires nostalgiques, aux regrets. C'est dans ces moments-là que la puissance de notre trio se révèle, inestimable rempart contre les désespoirs trop grands.

Une infinité de moteurs expliquaient le suicide de Sophie, d'ordres familial, professionnel, amoureux, psychologique ou pathologique. Mais dans cette coalition macabre d'éléments, il y a quelque part – comme fondement ou comme simple liant – cette pression sociale qui bannit subrepticement toutes les femmes qui osent emprunter d'autres voies que celles de la famille et du mariage. Profonde hypocrisie d'une société qui se prévaut de modernité et de progressisme, mais est si réticente à évoluer dès qu'il s'agit des schémas familiaux. La tante célibataire est très vite affublée du qualificatif dégradant de « vieille fille » – qualificatif dont la journaliste Marie Kock a brillamment renversé le sens, le portant au fronton d'un essai lumineux sur toutes celles qui en furent les injuste victimes[6]. Elle rappelle les stigmates qui pèsent

6 Marie Kock, *Vieille fille. Une proposition*, La Découverte, 2022.

sur celles qui font le choix du célibat et renoncent à être mères : l'égoïsme et l'avarice, deux vices qu'absout en partie leur statut de pauvre victime. La vieille fille en effet ne peut que subir son sort, elle aurait, nous dit-on, *tant aimé trouver l'homme de sa vie et faire des enfants*. Mais le destin en a décidé autrement. Le choix souverain de cette vie-là, il est incompréhensible, il n'existe pas. Ou bien il traduit une insondable déviance. Sophie n'était pas une vieille fille, elle avait surtout été une formidable tante.

Le rôle des tantes – comme celui des oncles, d'ailleurs – est souvent considéré comme un rôle de substitution, un adjuvant. Relation familiale subalterne, sans définition précise ni valorisation. Beaucoup de femmes l'occupent pourtant aujourd'hui, non par contrainte mais par choix – celui de ne pas avoir d'enfant, mais pour certaines d'adorer prendre soin de ceux des autres. En 2021, la plateforme de la BBC dédiée aux évolutions des dynamiques familiales, Family Tree, consacrait une importante enquête à ces « tantes sans enfant[7] ». Elle rappelait que la figure de la tante sans enfant avait toujours été un objet de fascination dans la culture populaire, qu'il s'agisse de la tante maternante et maternelle qui prend en charge un orphelin, comme la tante May de Peter Parker dans *Spiderman* ; de celles plus austères, autoritaires et aigries, comme tante Lydia dans *The Handmaid's Tale*, ou encore de l'excentrique mondaine tante Augusta des *Voyages avec ma tante*, de Graham Greene. Comme l'expliquait la journaliste de la

7 Anna Jones, « "Aunt with no kids": The women redefining family roles », BBC Family Tree, 9 décembre 2021.

BBC, la tante a toujours illustré une sorte d'« autre », un second choix par rapport à la maternité, ou une mise en garde contre toutes celles qui sortiraient du droit chemin d'une féminité indissociable de l'enfantement. Cette lacune traduit une fois encore l'hégémonie des schémas familiaux classiques, incapables de s'émanciper de la famille nucléaire patriarcale, laissant peu de place aux autres modèles pour émerger. Consciente de cette lacune (et du potentiel commercial qu'elle représente), l'autrice et communicante new-yorkaise Melanie Notkin lançait en 2008 le premier site internet dédié aux tantes, dont elle tentait de donner une définition contemporaine et positive. Un véritable business naîtra, plusieurs livres, sites et forums voyant le jour sous l'acronyme « Pank » : Professional Aunt No Kids (« tante professionnelle sans enfant »). Mais au-delà de la dimension lucrative et commerciale de l'initiative, Notkin comblait un véritable manque, un besoin de reconnaissance et d'appartenance. Elle créait une communauté, une cohorte, elle donnait vie et place à un lien injustement déconsidéré.

Dans le chapitre de *Sorcières* consacré à l'absence de désir d'enfant, Mona Chollet cite l'écrivaine américaine Elizabeth Gilbert, qui considère qu'il existe trois catégories de femmes : « Celles qui sont nées pour être mères, celles qui sont nées pour être tantes, et celles qui ne devraient en aucun cas être autorisées à s'approcher d'un enfant à moins de trois mètres. Et il est très important de comprendre à quelle catégorie on appartient, car les erreurs dans ce domaine engendrent chagrin et tragédie[8].» Gilbert elle-même revendique faire partie de la «brigade des tantes» – intitulé qui sonne de façon tout à fait réjouissante à mes oreilles. Mona Chollet reprend ensuite un témoignage publié dans un magazine féminin français et valorisant les membres de cette brigade, celui d'une jeune fille ayant passé des vacances chez la tante de l'une de ses amies, laquelle tante s'avère être… l'actrice Sabine Azéma, «l'une des rares actrices françaises qui, lorsqu'on l'interroge à ce sujet, assume sereinement son choix de ne pas être devenue mère[9]». Racontant l'émerveillement provoqué par ces vacances sans parents, la jeune fille concluait: «On n'est pas des enfants, elle n'est pas une adulte, c'est de la magie» – phrase qui décrit avec une infinie justesse mes propres souvenirs.

La femme à la bûche

En bonne citadine responsable et grégaire, je me suis récemment convertie, comme beaucoup de mes congénères franciliens, au vélo électrique. Détentrice provisoire d'un deux-roues de la Région Île-de-France, je veille scrupuleusement à l'entretien et à l'intégrité du matériel prêté. Mon devoir de locataire avertie se résume en réalité à une seule et unique mission: veiller sur la batterie de mon vélo. Cet encombrant quadrilatère de quarante centimètres de long, pesant plus de trois kilos, s'est ainsi imposé comme le compagnon récurrent de mes déplacements à pied, une

8 Lisa Capretto, «What Elizabeth Gilbert wants people to know about her choice not to have children», *HuffPost*, 10 octobre 2014; citée par Mona Chollet, *Sorcières. La puissance invaincue des femmes*, Zones, 2018.

9 Mona Chollet, *Sorcières. La puissance invaincue des femmes*, *op. cit.*

fois mon bolide stationné dans les zones prévues à cet effet (je précise que ce chapitre n'a été soutenu par aucun financement des services de voirie de la Ville de Paris). Un soir du mois de décembre, regagnant mon vélo sous une pluie battante, je croisai mon reflet dans le miroir d'une devanture éclairée. Ensevelie sous plusieurs couches de vêtements informes, regard ahuri, ma fidèle batterie sous le bras, ce n'était pas mon reflet que me renvoyait le miroir, mais celui de Margaret Lanterman, plus connue sous le nom de Log Lady, la « femme à la bûche ». Figure mythique de la série *Twin Peaks*, la femme à la bûche est ce personnage absurde et déroutant (faut-il le préciser s'agissant des personnages de Lynch ?), veuve d'un pompier mort durant leur nuit de noces, toujours affublée d'une bûche – la sienne est en bois, et non en lithium. Margaret, dotée du don de voyance, porte tendrement sa bûche et lui parle comme à un ami ou à un enfant (tout dépend de la façon dont vous vous adressez à votre progéniture ou à vos proches). Gentiment dérangée, pythie discrète et avertie de la ville de Twin Peaks, elle appartient à ce panthéon de figures féminines loufoques et marginales, à la frontière entre le pathétique et l'extraordinaire. Ces personnages m'ont toujours fait penser au cliché de la *vieille-tante-solitaire-et-bizarre*, qui m'évoquait ma propre tante et que j'envisage avec un mélange de tendresse et d'appréhension, la seconde prenant progressivement le pas sur la première. Petite, je me rêvais en Phoebe Halliwell, aujourd'hui, me voilà projetée dans la destinée d'une obscure Log Lady.

Cette image de la Log Lady m'obsédait d'autant plus que j'avais regardé, quelques jours plus tôt, le film *La Bûche*, de Danièle Thompson. La bûche dont il est ici question n'est ni en lithium ni en bois, mais en beurre et en chocolat. Le long-métrage raconte en effet le quotidien de *trois-sœurs-que-tout-oppose*, interprétées par Sabine Azéma, Emmanuelle Béart et Charlotte Gainsbourg, à l'approche des fêtes de Noël. S'il est loin d'avoir révolutionné l'histoire du cinéma ou l'approche de mon sujet, le film m'avait néanmoins laissé un goût particulier. Parmi les trois sœurs, c'est le personnage de Sonia, incarnée par Emmanuelle Béart, qui était le plus évocateur pour moi. Pas tant dans la façon dont je me percevais, mais dans ce que je craignais que les autres – mes propres sœurs en l'occurrence – perçoivent de moi. Disons-le, Sonia est passablement insupportable. Ce n'est plus la tante fantasque et bizarre reléguée au fin fond des familles et des tables, mais un petit despote tyrannique, chef d'orchestre auto-proclamé des agapes familiales, se plaignant en permanence de la lourdeur d'une tâche que personne ne lui a attribuée mais qu'elle se complaît à s'infliger : acheter la bûche de Noël, fil rouge du film. Vous avez peut-être déjà croisé ce personnage, celle à qui l'on ne demande rien mais qui en fait trop et vous le fait sentir, sous ses airs de madone ou de martyre, son dévouement étant moins guidé par l'altruisme que par un irrépressible besoin de reconnaissance. C'est la *sœur chiante* de votre père ou de votre mère, ou bien la vôtre. Organisée, impatiente, un tantinet *control freak*, cette sœur-là, j'ai toujours eu le sentiment de flirter dangereusement avec ses travers, de m'en rapprocher irrépressiblement en vieillissant.

Passé trente ans, je me retrouve donc à cet âge un peu charnière de la vie d'une femme, devant ce dilemme binaire et cornélien: quel genre de tante serai-je pour les enfants de mes sœurs? Femme à la bûche ou tyran domestique? Bien sûr, entre l'une et l'autre, il peut y avoir une infinité de nuances et de modèles plus plaisants (j'ai la chance d'en avoir beaucoup autour de moi), mais c'est souvent dans l'un de ces deux registres que puise la fiction pour nourrir ses personnages de tantes. Certains sont un joyeux patchwork des deux, comme le personnage d'Augustine dans *Huit femmes*, de François Ozon, vieille fille acariâtre incarnée par Isabelle Huppert qui vit aux crochets de sa sœur et s'occupe de sa mère âgée.

Toujours dépourvue de rôles modèles féminins désirables, je me suis souvent construite en réaction à des anti-modèles de cette nature et dans la peur panique de devenir un jour cette *femme-là*. La marginale ou la chieuse. N'a-t-on pas d'issue plus réjouissante à m'offrir? Il doit pourtant bien y avoir quelque part des femmes émancipées de ces schémas mais qui ont fait quelque chose. Comment ont-elles pu exister autrement? La réponse, je l'ai trouvée en écrivant. Ces femmes-là, elles créaient, et souvent ensemble. Je leur consacre la suite de mon développement.

5. LES SŒURS DÉMIURGES

Bad dreams in the night
They told me I was going to lose the fight
Leave behind my Wuthering, Wuthering
Wuthering Heights

Kate Bush, *Wuthering Heights*, 1978

L'un des principaux défauts de l'auteur de non-fiction est de démarrer l'écriture avec une idée fixe en tête, de savoir précisément où il veut atterrir, et de ne tolérer aucun écart, aucune déviation qui pourrait le détourner de sa thèse initiale. L'idée de départ, lorsqu'elle se transforme en certitude, est une dangereuse entrave à la réflexion. Celui qui sait précisément où il veut aller n'embarque dans son écriture que les indices dociles qui vont dans son sens, qui appuient sa démonstration, et minore l'importance de ceux qui l'en éloignent. Il est ce souverain buté et têtu qui n'écoute que les flagorneurs et reste sourd aux mises en garde de ses plus courageux conseillers.

J'ai démarré l'écriture de ce chapitre avec une idée fixe : la sororité engendre la créativité. Avec un entêtement qui a souvent frôlé l'obsession, j'ai cherché tous les éléments à même de confirmer cette conviction. L'idée me séduisait, l'idée me rassurait. Mes recherches ne l'ont pas démentie, mais elles l'ont considérablement nuancée, affinée. De bloc monolithique et péremptoire, elle s'est transformée en un ensemble beaucoup plus complexe et composite, impossible à contenir dans une simple affirmation. Un ensemble, finalement, beaucoup plus intéressant.

Tout a commencé par cette expression en langue anglaise qui n'a pas vraiment d'équivalent en français : *sister arts*. Elle désigne la parenté qui existe entre la peinture et la poésie. *Ut pictura poesis*, écrivait Horace, « la poésie est une peinture parlante, et la peinture une poésie muette », selon l'aphorisme du poète antique Simonide de Céos. Attentive aux défaillances de la langue, et enthousiasmée par cette trouvaille sémantique, je fonçai tête baissée dans le nouvel océan qu'elle ouvrait. Quelque chose relie puissamment les arts et les sœurs, voilà ce que l'expression signifie. Après tout, les neuf muses sont des sœurs, filles de Zeus et de Mnémosyne, déesse de la mémoire, et, depuis Homère, ce sont bien elles que l'on invoque pour créer. Sans les sœurs, point de poésie, ni d'art ou de génie.

Hélène et Simone de Beauvoir, puis Virginia Woolf et Vanessa Bell ajoutèrent de probantes pièces à conviction à mon dossier d'enquêtrice acharnée. Elles étaient les incarnations parfaites de cette expression et de la théorie qui en découlait. Elles en validaient la teneur, nourrissaient mon obstination. Duos de sœurs artistes, l'une accédant au succès par l'écriture, l'autre par la peinture. Celle qui écrit l'emporte certes toujours sur celle qui peint, mais après tout, c'est le jeu arbitraire et souvent injuste de la postérité, et elles n'y sont pour rien. L'histoire aurait pu s'arrêter là. Mais à la lecture attentive de leurs correspondances et de tout ce que d'autres ont pu écrire sur elles, je découvre une réalité infiniment plus complexe, où l'aigreur et le ressentiment n'ont rien de marginal, où le talent de l'une peut volontairement dissimuler celui de l'autre, où la rivalité artistique se superpose, parfois, à la rivalité amoureuse. Mes croyances vacillent, mais mon sujet s'enrichit. Je ne m'arrête donc pas là : entre mes sœurs et la création, il y a assurément quelque chose. Ce chapitre va tenter, loin de mes certitudes et de ma naïveté de départ, de s'en approcher.

Portrait de la jeune sœur en artiste

La création est le résultat d'un savant mélange de vie et de claustration. Il faut sans cesse trouver l'équilibre, la bonne distance avec le monde : être dedans tout en restant un peu à l'écart. De l'auteur en chambre à l'écrivain voyageur, la littérature est sûrement le domaine où ce tiraillement est le plus fort, et ce sont constamment des exemples masculins que l'on retient pour illustrer ces divergences : un Proust ou un Stendhal, archétypes des auteurs *confinés*, que l'on oppose aux intrépides Lamartine, Gide ou Leiris. De toutes les réflexions qui précèdent, il me semble que les sœurs, particulièrement dans l'enfance et à l'adolescence, trouvent presque par accident cet équilibre-là. Plus confinées que les petits garçons dont on cherche moins à canaliser l'énergie et le développement, et en même temps sans cesse confrontées à l'autre, la sœur, avec laquelle elles façonnent un monde à part. Tous les travers, les injustices et les défauts de l'éducation des filles, et particulièrement celle des filles nombreuses, favoriseront la créativité et l'invention. On les laissera davantage s'ennuyer, et donc développer leur imagination. En s'ennuyant ensemble, elles peuvent confronter leurs imaginaires, mêler leurs créativités. Ce qui n'était au début qu'un mélange de vécu et d'intuition de ma part s'est vu raffermi par de stimulants exemples: ceux des sœurs Brontë, Beauvoir et Stephen[1], bien sûr, mais aussi des poétesses Emily et Lavinia Dickinson, des musiciennes Lili et Nadia Boulanger, ou, dans un registre plus pop et contemporain, des filles de Jane Birkin, celles de Marisa Bruni Tedeschi, les sœurs Beyoncé et Solange Knowles, ou les jumelles du groupe Ibeyi. Où puisent-elles leur créativité et comment la partagent-elles ? Je reviendrai sur la place ambiguë de la rivalité, dont certains commentateurs font un puissant moteur. Elle est bien là, toujours, mais elle me paraît tout à fait seconde dans le processus créatif. Le plus intéressant se niche ailleurs, dans le sanctuaire d'une chambre partagée dans l'enfance, sous un chapiteau fait de vieux draps et de bâtons, dans la musique que l'on écoute ensemble, l'observation des gestes de l'autre, que l'on regarde d'abord avec curiosité et circonspection, avant de les imiter, les adopter, les transformer.

Mes sœurs et moi formions, petites, une troupe de théâtre itinérante, à laquelle s'agrégeaient de façon temporaire nos amies ou nos cousines (les cousins aussi parfois, l'un d'entre eux en particulier s'y est prêté avec beaucoup de zèle et d'enthousiasme pendant plusieurs années). Je dis « itinérante » car la troupe n'était jamais aussi active qu'en vacances, où elle se produisait presque tous les

1 Stephen est le nom de naissance de Virginia Woolf et Vanessa Bell.

soirs devant un public d'adultes dont j'admire encore la patience et la bienveillante réception. Toutes nos après-midi s'achevaient par un spectacle, point d'orgue de journées entières de préparation, de recherche de costumes, de perfectionnement de chorégraphie, de dialogues et de maquillage. Tout ça était certainement d'un goût douteux et d'une maîtrise relative, mais nous persévérions, et nous y prenions un plaisir infini. Notre mère, professeure de théâtre, a assurément nourri ce goût de la scène et du déguisement, et elle fut d'ailleurs la metteuse en scène de certaines de nos productions. La plus célèbre d'entre elles (célébrité que je limite bien sûr au très restreint cercle familial) était une libre interprétation à trois voix de la fameuse chanson *Willkommen, bienvenue, welcome!*, tirée de la comédie musicale *Cabaret*, pour le mariage de la petite sœur de notre père – clin d'œil malin au Germano-Britannique qu'elle venait d'épouser. Nous devions connaître ce soir-là notre plus grand triomphe.

Plus ou moins consciemment, mes sœurs et moi imitions le schéma des quatre filles du docteur March, qui se produisaient elles aussi de façon récurrente, sous la direction de Jo March, laquelle cumulait les fonctions de dramaturge et de metteuse en scène, dirigeant ses sœurs avec bonheur et autorité. Ces dernières ne se cantonnent jamais aux seuls rôles d'exécutantes serviles pour autant. Toutes ont une vocation artistique qui naît et se déploie dans le huis clos de la maison familiale : l'écriture et la mise en scène pour Jo, la musique pour Beth, la peinture pour Amy – qualifiée par ses sœurs de « petite Raphaël » –, le théâtre et le jeu d'actrice pour Meg. Cette créativité partagée se forge dans un lieu en particulier : le grenier, converti par les sœurs en un théâtre miniature dont la scène est sans cesse occupée, l'affiche sans cesse renouvelée, et où elles jouaient devant un public conquis, composé des fillettes du voisinage. Jo distribue les rôles, peaufine les dialogues, fait répéter ses sœurs le soir. Beth, de son côté, mène une vie d'artiste plus solitaire, profitant du piano que lui prête aimablement son vieux voisin, James Laurence, qui finira d'ailleurs par lui faire don du précieux instrument. Dans son article « La sororité, pour quoi faire ? », Agnès Mannooretonil soulève que « paradoxalement, c'est au sein de leur fratrie, et en particulier en redoublant la force et l'exclusivité de leurs liens lors de pièces de théâtre jouées au grenier, que les sœurs, extrêmement conscientes de l'être, affinent leurs identités singulières sous le regard bienveillant de chacune ».

Mannooretonil montre aussi que l'engouement pour cette « sororité idéale » a été largement nourri à travers les époques par les adaptations qui en ont été faites, et notamment celle, en 2019, de la réalisatrice américaine Greta Gerwig, qui « insistait sur les possibilités créatrices, et même subversives, de la sororité ». Si « Jo trouve le courage de braver les préjugés machistes en imposant la publication de son roman (né précisément dans le giron sororal) et en gagnant, par là, son indépendance, c'est grâce aux encouragements et aux sacrifices de ses sœurs ». Le film de Gerwig révèle bien cette omniprésence de l'art et de la création dans la vie des sœurs, et met l'accent sur la tension particulière entre les *sister arts*, puisque la rivalité entre Jo et Amy, celle qui écrit et celle qui peint, est la plus importante et se double d'ailleurs d'une rivalité amoureuse autour du personnage de Laurie.

La chambre des filles

Cette créativité partagée est pour moi indissociable de l'espace de la chambre. La claustration qu'elle induit est ainsi purement physique, la compagnie d'une sœur bannissant toute frontière et laissant libre cours à un océan de possibles. Ma place du milieu m'a conduite à partager longuement mes chambres avec mes sœurs, la grande puis la petite – situation finalement assez rare, puisque trois quarts des enfants français âgés de trois à dix-sept ans possèdent leur chambre à eux[2]. Si je me plaignais beaucoup de cette cohabitation forcée, je reconnais aujourd'hui tout ce que cette proximité m'a apporté : la confrontation de deux mondes, le partage de la bibliothèque, des armoires ou de la chaîne Hi-Fi. Même sans la partager, la chambre reste l'espace privilégié où les enfants se retrouvent, mènent leurs conciliabules, s'extraient du regard des adultes. La chambre devient refuge, tanière, mais aussi studio, atelier, salle de répétition. S'érige ainsi ce que le sociologue Hervé Glevarec a appelé « la culture de la chambre », qui désigne « un aspect de plus en plus important de la vie culturelle des enfants et adolescents : l'appropriation progressive d'un espace propre, leur chambre, dans lequel ils expriment ce qu'ils aiment ou sont, et à partir duquel ils entrent en relation

2 À l'exception des petits Franciliens (données de l'Insee).

avec d'autres »[3]. Au XXIe siècle, le clos s'y mêle à l'ouvert, puisque l'espace fermé de la pièce est aussi le lieu privilégié de l'accès au monde extérieur, par le téléphone, la radio, Internet et les réseaux sociaux. Dans son essai *Petites filles*, Catherine Monnot démontre toute l'importance de ces espaces, qui sont le premier lieu où se met en place « le processus d'individuation nécessaire à chaque enfant ». Elle précise que la chambre occupe une place plus importante chez les petites filles, qui y passent davantage de temps que les petits garçons. Elles sont ces lieux de loisir, d'apprentissage et de « détente alternative » où s'expriment les goûts et où se déploient les passions – goûts musicaux, décoration des murs, pratique de la danse et du chant. « La chambre est donc un lieu d'expérimentation identitaire central pour les filles, en ce qu'elles vont là, davantage que les garçons, apprendre à se connaître », écrit Monnot, tout en précisant que « loin d'être un choix librement consenti et serein, cette forme de "culture de la chambre" au féminin découle d'une restriction des options offertes aux filles ». On pourrait prolonger ces réflexions pour explorer la place des chambres partagées, et la valeur de ce temps que l'on y passe ensemble. La chambre que l'on partage devient le lieu du compromis, parfois de la frustration[4], mais il est aussi celui de l'exemple, du modèle. Si un côté

---

3 Hervé Glevarec, *La culture de la chambre. Préadolescence et culture contemporaine dans l'espace familial*, ministère de la Culture - DEPS, 2010, p. 47-67.

4 Dans *Mémoires d'une jeune fille rangée*, Simone de Beauvoir évoque la douleur qu'a représentée le déménagement, après la guerre, dans un petit appartement de la rue de Rennes : « Nous enviions, ardemment, ma sœur et moi, les petites filles qui ont une chambre à elles ; la nôtre n'était qu'un dortoir. »

est bien rangé, l'autre doit l'être aussi. Si ma grande sœur lit le soir avant de se coucher, je vais l'imiter.

Dans *Le Livre des sœurs*, Amélie Nothomb raconte l'histoire de Tristane et Laetitia (à quelques détails près, la sienne et celle de son aînée, Juliette), deux sœurs fusionnelles qui ont partagé la même chambre pendant dix-sept ans. Face à des parents trop amoureux pour s'occuper sérieusement de leur progéniture, elles se construisent un monde à elles, dans le sanctuaire de leur chambre, distinct de celui des adultes. Juliette est une figure récurrente de ses romans, et les plus belles pages qu'elle lui consacre sont probablement dans sa *Biographie de la faim*, parue en 2004. Elle y évoque à la fois l'étendue de leur amour réciproque (« Heureusement, dans ma vie, il y avait ma sœur », « Juliette était mon existence et j'étais la sienne »), mais aussi leurs rapports à l'écriture, l'exemple de la première ayant nourri le goût – et le talent – de la seconde. L'écriture étant le domaine réservé de son aînée, Amélie s'en maintenait, enfant, prudemment à l'écart. Quand Juliette arrête d'écrire à l'âge de seize ans, Amélie, délestée d'une interdiction qu'elle s'était elle-même infligée, prend le relais. L'entrée en écriture se fait alors comme une valse à trois temps : une fois passé celui de l'exclusivité vient le temps de la révélation, qui oscille entre envie, doute et dissimulation (ai-je le droit d'investir ce terrain-là ? en suis-je tout simplement capable ?). Le troisième, enfin, est celui de l'émulation réciproque, émaillée, parfois, d'inévitables tensions – dont le duo Nothomb semble plutôt épargné.

Nothomb confiera dans plusieurs interviews tout ce qu'elle doit à cette proximité avec son aînée, qu'elle compare à sa bonne fée : « [...] je n'étais pas seule puisque, à la maison, il y avait ma sœur. J'ai dormi dans la même chambre qu'elle jusqu'à mes 17 ans. C'est rare de partager la chambre de sa grande sœur aussi longtemps, mais c'était mon bonheur. D'abord parce qu'on se parlait énormément, mais aussi parce j'étais déjà très insomniaque et je ne compte pas le nombre d'heures que j'ai passées à l'écouter dormir. J'avais l'impression qu'elle dormait pour nous deux et ça me faisait le plus grand bien[5]. » Lorsque l'on s'épanouit dans des disciplines artistiques différentes, tout paraît plus simple (nous verrons un peu plus tard que c'est loin d'être le cas). Quand leurs frères, Adrian et Thoby, sont envoyés à l'école, Virginia et Vanessa Stephen (plus tard Woolf et Bell) font l'école à la maison. Loin de l'associer à une période d'enfermement et de frustration, Vanessa décrit cette époque comme un paradis perdu, évoquant dans sa correspondance les après-midis les plus joyeuses de sa vie, où Virginia et elle se retrouvaient dans une même pièce, poursuivant l'une et l'autre leur vocation artistique, « moi peignant, Virginia écrivant ».

Mon amie Aurore, qui est comme moi la cadette d'une fratrie de trois filles, me raconte les heures passées avec ses sœurs dans sa chambre d'enfant, qui était un refuge face à des parents maltraitants. Elle utilise cette même expression de « paradis perdu » pour évoquer la chambre partagée pendant sept ans avec son aînée lorsqu'elles vivaient en expatriation. J'y retrouve les mêmes histoires,

5 « Dans les yeux de ma sœur : la photo perso d'Amélie Nothomb », Gael.be, septembre 2022.

les mêmes rituels : les pièces de théâtre, les chorégraphies, les lectures à voix haute. Elle évoque aussi leur livre préféré, le conte pour enfants *Trois petites filles*, de René Escudié, qui raconte l'histoire de sœurs claustrées dans leur chambre, délaissées par leurs parents qui rêvaient d'avoir un garçon. Le déficit d'affection ou d'attention parentale ouvre un gouffre béant, que la créativité et l'invention des petites filles comblent joyeusement.

La maisonnette

Les visites de maisons d'artistes ont toujours provoqué chez moi une forme de malaise. Ces petits mausolées pétrifiés dans un temps révolu, leurs collections de fétiches et de vieux objets intimes et inanimés, forment l'antithèse de ce qu'ils devraient incarner : des miroirs de vie. Parquet qui grince, week-ends pluvieux, badauds curieux au coude-à-coude dans des espaces exigus... Il en ressort quelque chose d'inerte, de figé, loin des pulsions créatrices et de l'inspiration virtuose qui devaient s'en dégager jadis. C'est donc avec une légère appréhension que j'embarquai ce jour-là avec une amie musicienne dans la ligne J du Transilien, direction Gargenville, où se trouvent les « Maisonnettes » des sœurs Boulanger. Les noms de Nadia et Lili Boulanger m'étaient vaguement familiers, mais de ces deux compositrices prodiges du début du XXe siècle je ne connaissais presque rien avant d'entamer l'écriture de ce livre. La visite de leurs petites maisons des Yvelines allait compléter de premières recherches qui m'avaient notamment conduite à écouter la formidable grande traversée musicale que leur a consacrée France Musique[6].

Ces deux filles, nées de l'union d'une chanteuse russe qui se disait princesse, Raïssa Mischetsky, et du compositeur français Ernest Boulanger, ont chamboulé le paysage musical du début du XXe siècle par leur talent, leur audace et leur originalité. Dans une famille de musiciens, c'est naturellement que Nadia, l'aînée, se tourne toute jeune encore vers le piano, l'orgue et le clavecin. Lili l'imite rapidement, passant avec désinvolture d'un instrument à un autre, mais dédiant ses premières compositions à sa sœur, à l'âge de onze ans seulement. Poussées par leurs parents et dotées, semble-t-il, d'un même don, les deux sœurs pratiquent, apprennent et composent ensemble, partageant les mêmes ambitions. Nadia passe à trois reprises le prestigieux prix de Rome, mais échoue à remporter le premier grand prix – elle obtiendra tout de même le second. C'est Lili, la plus jeune, qui gagnera le premier grand prix, en 1913, devenant la première femme lauréate de l'histoire. Elle n'a alors que dix-neuf ans. Les relations entre les deux sœurs n'en ont pas été affectées pour autant, au contraire. Nadia voue un culte sans borne à sa cadette. Leur biographe Jérôme Spycket écrit : « C'est une sorte de besoin essentiel réciproque, une espèce de fusion d'autant plus saisissante qu'il s'agit de deux fortes personnalités fondamentalement différentes. Par exemple, Nadia ne trouve pas chez Lili l'ardeur qu'elle avait elle-même au travail. La petite lui apparaît comme une dilettante

6 Charlotte Landru-Chandès, *Le fabuleux destin des sœurs Boulanger*, série en sept épisodes, France Musique, juillet 2023.

douée et curieuse de tout, mais plutôt papillonnante[7]. » Lorsqu'elle meurt prématurément, à vingt-quatre ans, Lili laisse une œuvre importante derrière elle, et Nadia dédiera sa vie entière à la diffuser et à la transmettre. Elle enseignera aussi le solfège et la composition à des générations de jeunes musiciens, poursuivant hors du strict cadre familial ses missions de grande sœur. J'apprends lors de ma visite des Maisonnettes qu'il y eut, parmi ses élèves, Michel Legrand, et je m'imagine une parentalité entre les sœurs Boulanger et *Les Demoiselles de Rochefort*, dont Legrand composa la bande originale.

Ces Maisonnettes des Yvelines m'attiraient pour une autre raison. Elles évoquaient la « chambrette », surnom affectueux que nous avions donné au petit studio de douze mètres carrés que mes sœurs et moi avons successivement occupé lorsque nous étions étudiantes à Paris. Composé d'une seule pièce, d'un lit une place jouxtant une kitchenette à l'équipement rudimentaire, sa table centrale occupait les fonctions de bureau, de rangement, de table à manger et à repasser. Mes sœurs et moi y avons chacune vécu au moins deux ans, réussissant la prouesse d'en renouveler, à chaque passage de témoin, l'agencement et la décoration. Celle qui s'en allait y laissait toujours quelque chose. Les livres en particulier s'entassaient, sœur après sœur, dans ce que j'ai du mal à qualifier de « bibliothèque ». Les ouvrages de sciences politiques de mon aînée furent

7 Passage retranscrit à partir de sa lecture dans la série de France Musique *Le fabuleux destin des sœurs Boulanger*. Il est tiré d'un des deux livres de Jérôme Spycket cités dans la bibliographie de l'émission : *À la recherche de Lili Boulanger* (Fayard, 2004) ou *Nadia Boulanger* (Lattès/Payot Lausanne, 1987).

rejoints par les classiques de la littérature française, puis par Beckett, Artaud et Brecht quand ma petite sœur prit le relais pendant ses études théâtrales. Ce processus de stratification littéraire s'est opéré au gré de nos déménagements et s'est étalé sur plus de six ans. La chambrette fut moins un espace de création que d'apprentissage, et ce surnom désignait à la fois ses petites dimensions mais surtout l'immense affection que nous y portions, cet attachement aux lieux qui nous ont vues grandir, aux lieux qui nous ont faites.

En quittant ma ville natale pour aller étudier à Paris (et investir à mon tour la chambrette), je répondais à ce que le psychologue Jean Château a qualifié d'« appel de l'aîné[8] », c'est-à-dire la propension des plus jeunes à prendre modèle sur les plus âgés et à s'aligner progressivement sur leurs valeurs, à reproduire leurs choix, à s'inscrire dans leurs pas. Il y a deux siècles, ce parcours désormais bien banal aurait démarré comme chez Flaubert ou Balzac, avec une détermination à la Lucien de Rubempré ou à la Frédéric Moreau. Le jeune loup provincial est remplacé ici par une jeune fille, peu portée par la recherche du gain, de la notoriété ou de l'amour – ça viendra –, mais ayant simplement envie de faire comme sa sœur. La vie parisienne, les demis après les cours au Basile, à Saint-Germain-des-Prés, les verres le soir au Sans Souci, à Pigalle, les nuits chez Moune – itinéraire noctambule consigné dans un petit carnet que ma sœur m'avait légué à mon arrivée et dont je suivais scrupuleusement les recommandations.

8 Jean Château, *Le jeu de l'enfant. Après trois ans, sa nature, sa discipline. Introduction à la pédagogie*, J. Vrin, 1946.

Mes auteurs du XIXe siècle n'offrant aucun équivalent féminin de ces parcours initiatiques, il fallait chercher les modèles ailleurs, ou les imaginer toute seule. Ceux que j'évoque dans ce chapitre m'étaient alors inconnus, à l'exception des *Demoiselles de Rochefort*, où Delphine et Solange Garnier (Catherine Deneuve et Françoise Dorléac), enseignant la danse et le solfège, n'aspirent qu'à une chose : exercer leur art à Paris, ce que leur promet la conclusion du film. Elles y partagèrent peut-être une chambrette, une maisonnette ou un château, temple fictif de leur créativité sororale.

Laissez-les chanter, danser

Dans la maison du Pays basque de ma grand-mère, décor récurrent de nos vacances d'été, nous passions l'essentiel de notre temps dans une chambre en soupente, la plus petite et la plus sombre de toutes, boudant même parfois, les jours de grand beau, le jardin ensoleillé, la piscine et l'océan. Nos jeux confinés se nourrissaient alors de ce que nous regardions à la télévision : la série espagnole *Un, dos, tres*[9] ou les émissions de télé-réalité à dominante artistique : *Star Academy* ou *La Nouvelle Star*. Nous emportions dans nos chambres ces modèles vus à la télé et nous imaginions alors danseuses, actrices, chanteuses.

Catherine Monnot a bien démontré l'importance de cette pop culture télévisuelle dans la construction identitaire des préadolescentes, une culture qui se forge de

9 Série dans laquelle nous découvrions la petite sœur de l'actrice Penélope Cruz, Mónica.

manière horizontale, entre pairs : « La passion des petites filles pour l'univers de la musique et de l'image tient une place si particulière qu'elle oblige à mieux comprendre la dimension sociale et symbolique de ces médias de masse qui les encadrent et les imprègnent de modèles de vie, de schémas de pensée inconscients mais omniprésents et donc légitimés depuis la prime enfance[10]. » Elle rappelle que les filles suivent très assidûment ces programmes télévisés, davantage que les petits garçons, et que leur visionnage constitue « un moment d'intimité particulièrement apprécié, un espace privilégié pour se rapprocher physiquement et partager une communauté d'émotions entre filles ». La télévision devient alors un « humus à la sociabilité » enfantine, particulièrement apprécié et recherché par les préadolescentes. Les filles chantent et dansent souvent ensemble, inventent ou reproduisent des chorégraphies vues dans des clips ou à la télévision, échangent leurs avis, se corrigent entre elles.

Le livre de Monnot a été écrit bien avant l'avènement du réseau social TikTok, qui vient confirmer et renforcer toutes ces hypothèses. Les vidéos de danse, tournées en intérieur et souvent féminines, qui ont forgé le succès initial du réseau social chinois, sont le prolongement naturel de ces jeux. Elles lui donnent surtout un débouché supplémentaire, la jeune fille qui rêve d'être une star ayant désormais directement accès à cette potentielle notoriété via son téléphone portable. J'ai ainsi découvert

10 Catherine Monnot, *Petites filles. L'apprentissage de la féminité*, Autrement, 2013.

le phénomène Charli et Dixie D'Amelio, deux sœurs originaires du Connecticut, aujourd'hui suivies par plus de 200 millions d'abonnés, qui figuraient en 2022 en tête du classement Forbes des créatrices les plus innovantes sur les médias sociaux[11]. Tout commence en 2019 lorsque les deux adolescentes, alors âgées de quinze et dix-huit ans, postent des vidéos amateurs de leurs chorégraphies, tournées dans l'intimité d'une chambre banale et bordélique de la ville de Norwalk, dans le Nord-Est des États-Unis. Le succès est aussi phénoménal qu'immédiat. Leur chambre d'adolescentes se transforme en gigantesque salle de spectacle, chacune de leurs chorégraphies étant suivie par un public composé de millions de personnes connectées dans le monde entier. Les deux sœurs sont aujourd'hui multimillionnaires et la plus jeune, Charli, est la deuxième personnalité la plus suivie sur TikTok.

Toutes les petites filles ne connaîtront pas le succès flamboyant d'une Charli et d'une Dixie D'Amelio, mais beaucoup troqueront, à l'adolescence, le fantasme de la princesse pour celui de la star du showbusiness. L'assimilation à la star s'accorde au féminin pluriel lorsque celle-ci appartient à un groupe, un *girls band*, ceux dont mon adolescence était remplie – des Spice Girls aux Destiny's Child, en passant par les Pussycat Dolls, Las Ketchup (groupe composé de quatre sœurs) ou les L5. La projection au sein du groupe, par opposition à la pop star qui se produit en solo, permet de s'affirmer dans un collectif,

11 Alexandra Sternlicht, « Charli and Dixie D'Amelio turned TikTok fame into a billionaire-backed personal brand that hinges on their personal lives », *Forbes*, 6 septembre 2022.

tout en préservant son identité propre, sa singularité. Le groupe rencontre encore plus de succès s'il permet la coexistence en son sein d'individualités fortes – c'est le cas des Spice Girls, qui avaient chacune leurs traits de caractère propres : les petites filles pouvaient choisir leur préférée, celle qui leur ressemblait le plus[12].

Mais si les *girls bands* autorisent cette concomitance des individualités, ils peuvent aussi en être les inhibiteurs lorsqu'une personnalité l'emporte sur toutes les autres, ce qui a pu être le cas, par exemple, pour Beyoncé Knowles au sein des Destiny's Child. Ce cas est d'autant plus intéressant pour moi que Beyoncé a aussi une sœur, Solange, qui partage ses velléités artistiques[13]. La question qui se pose à l'échelle du *girls band* se pose de manière plus frontale encore à l'échelle de la fratrie. Elle est d'autant plus difficile à résoudre lorsque les sœurs officient dans la même discipline. Tous les articles sur les sœurs Knowles reprennent cette même formule d'une Solange « évoluant dans l'ombre de son aînée », relativisant ses échecs en les associant à une exigence artistique plus importante, la plus jeune des sœurs revendiquant aussi une approche plus politique, donc plus clivante, affirmant son féminisme intersectionnel et son renoncement à plaire à tout

12 Pour Monnot, « ce concept de groupe leur permettrait de surmonter la difficulté de devenir la femme contemporaine protéiforme, kaléidoscopique, et de limiter ainsi la perte d'estime de soi inhérente à cet idéal impossible. Pour être fortes, il est dit là qu'elles doivent fonctionner ensemble, agir en complémentarité, mais aussi, en creux, qu'une seule ne peut se suffire à elle-même ».

13 Leurs parcours respectifs ont fait l'objet d'un documentaire d'Aaron Thiesen diffusé sur Arte en 2023 : *Beyoncé et Solange Knowles. Reine de la pop et princesse soul.*

prix. En 2008, Solange interprète la chanson au titre explicite *Fuck the Industry*, règlement de comptes avec l'industrie musicale qui ne cesse de la comparer à sa sœur : « *I'll never be picture perfect Beyoncé.* » La messe est dite.

Brontë-mania

Dans mon panthéon des chansons pop de génie, *Wuthering Heights* de la chanteuse britannique Kate Bush occupe une place de choix. Composée dans la fulgurance d'une nuit à seulement dix-huit ans, la mélodie lui serait venue à la lecture vorace et passionnée des *Hauts de Hurlevent* (1847), d'Emily Brontë. Premier grand succès de la chanteuse, le titre se hisse dès sa sortie en 1978 en tête des charts britanniques, faisant de Bush la première autrice-compositrice de l'histoire à atteindre cette place. C'est donc sous le prestigieux patronage des sœurs Brontë qu'elle accède à la notoriété.

Plus d'un siècle après leurs morts prématurées (Anne meurt à vingt neuf ans, Emily à trente, Charlotte à trente-huit), la magie des trois sœurs continue d'opérer. À mesure que je m'enfonce dans la galaxie des sœurs, une filiation créatrice commence à se former, une stimulante arborescence se dessine, et je prends un plaisir certain à en tracer les contours, à identifier les corrélations, à retrouver les racines les plus enfouies. Toutes, plus ou moins, me ramènent aux Brontë. *Les Trois Sœurs* de Tchekhov seraient inspirées des sœurs Brontë et de leur frère Branwel. Le tout premier texte publié de Virginia Woolf, qui paraît dans le supplément féminin du *Guardian*, leur est consacré. L'article, traduit en français seulement soixante-quinze ans plus tard, prend la forme d'une topographie littéraire, reliant le génie des Brontë à l'environnement dans lequel elles évoluaient : le sinistre presbytère de Haworth. En s'y rendant elle-même au cours de l'hiver 1904, Woolf (qui ne semble pas souffrir de mon syndrome vis-à-vis des maisons d'artiste) pose la première pierre de ses réflexions virtuoses sur l'écriture et son accord entravé au féminin. Cette année-là, après la mort de son père et une première tentative de suicide, elle accède donc au statut d'autrice grâce aux Brontë. La machine à correspondances est lancée ; elle tourne maintenant à plein régime.

Dans la famille de Virginia Woolf, je demande la grande sœur, la peintre Vanessa Bell, dont le patronyme est incidemment celui qu'empruntèrent les Brontë pour signer leurs premiers romans : Currer (Charlotte), Ellis (Emily) et Acton (Anne) Bell. « Currer Bell, George Eliot, George Sand, toutes, victimes du conflit intérieur comme en témoignent leurs écrits, cherchèrent en vain à se voiler en se servant d'un nom d'homme », écrit Woolf dans *Une chambre à soi*, livre culte où elle imagine le sort connu par... la sœur hypothétique de Shakespeare. De toutes les sœurs Brontë, Virginia préfère Emily, qui est pour elle la seule à écrire sans chercher à imiter l'écriture des hommes. Emily, préférée aussi, un siècle plus tard, de la cinéaste australienne Frances O'Connor, qui lui consacre un biopic en 2022. L'actrice Emma Mackey interprète l'héroïne éponyme, inscrivant ses pas dans ceux d'Isabelle Adjani, qui joua ce même rôle à la fin des années 1970, aux côtés d'Isabelle Huppert et de Marie-France Pisier, dans le film d'André Téchiné *Les Sœurs Brontë*. La Brontë-mania a aussi touché beaucoup d'hommes, qui ont rendu hommage à leur travail et à leur art : Jacques Rivette, Luis Buñuel, Franco Zeffirelli… Nous avions les neuf Muses et les sept Pléiades (filles de Zeus pour les premières, d'Atlas pour les secondes), mais nous avons surtout les Brontë, qui veillent sur nos créativités.

Chez elles aussi tout a commencé par le jeu, dans le sanctuaire des chambres partagées, jeux qu'elles ont d'ailleurs qualifiés de « jeux de lit », les associant volontiers à leur intimité nocturne. Leur pratique régulière et sérieuse a généré un vaste continent littéraire, les *Juvenilia*, écrits à quatre voix (il y a les trois sœurs, mais il y a aussi le frère, Branwell), dont certains passages seulement ont survécu, et qui ont paru en France sous le titre *Le Monde du dessous*. Un jour, leur père rentre à la maison avec des petits soldats en bois, chacun s'en attribue un, lui donne un nom, lui invente une histoire. Celles du duc de Wellington, de Gravey, de Traînard et de Buonaparte seront sérieusement consignées dans les cahiers de la fratrie. De ces premiers jeux naîtront beaucoup d'autres, à partir des fables d'Ésope ou d'autres matériaux littéraires trônant dans la bibliothèque du père. Parmi ces textes d'enfance, on retrouve des poèmes et de la prose où se côtoient plusieurs univers : le royaume d'Angria, inventé par Charlotte et Branwell, les îles Pacifique de Gondal et de Gaaldine, imaginées par Emily et Anne, et enfin Glass Town, la ville de verre de Charlotte. L'œuvre qui en découle est tellement novatrice et singulière qu'elle laisse tous les exégètes démunis, privés des outils nécessaires à l'analyse d'une telle somme, sans équivalent dans la littérature mondiale. Dans la préface du *Monde du dessous*, le poète et traducteur Patrick Reumaux écrit : « C'est qu'ils ont, à partir de rien, construit un monde uniquement irrigué par le désir, un Texte, [...] avec un "T" majuscule, une machine désirante dont le moteur est la répétition. Une machine à produire du désir comme l'océan produit des vagues, qui reviennent sans cesse et dont on entend le bruit réitéré dans les romans publiés par les trois sœurs. »

***Sister arts*, anatomie d'un piège**

C'est un petit tableau dont j'ignore les dimensions exactes, faute de documentation suffisante. Je l'imagine de taille moyenne, modeste, discret. On y aperçoit trois silhouettes de femmes dans une pièce parée de motifs colorés. Au premier plan, en bas à droite de la toile, une première, brune, est assise sur un canapé, les yeux clos, l'air serein. Un peu plus haut, à gauche, une deuxième figure se dessine, aux trois quarts de dos, la tête entre les mains. Troisième personnage enfin, au fond à droite du tableau, celui d'une femme debout, regardant au loin par la fenêtre. Ce tableau de 1935, *The Other Room*, rappelle ceux de Bonnard et de Matisse, il a quelque chose de lumineux et de mystérieux, il nous parle d'intérieur et d'intériorité, il nous montre un féminin complexe, sans érotisation ni nonchalance. Il est l'œuvre de Vanessa Bell, figure majeure du courant postimpressionniste, membre du cercle très fermé de Bloomsbury et élève de John Singer Sargent. Si son talent comme la richesse de son œuvre sont désormais bien établis en Angleterre, l'artiste demeure injustement méconnue en France, où elle est encore une « sœur de ». Et pas n'importe laquelle, celle de Virginia Woolf.

Je reviens donc à mon point de départ, *Ut pictura poesis*, les « arts sœurs » et le piège de la pensée magique. Virginia Woolf et Vanessa Bell, Simone et Hélène de Beauvoir, l'écriture et la peinture, le succès des unes et le relatif oubli des autres, sororité et créativité, sororité et inhibition, sororité et disparition. En me plongeant dans leurs vies et leurs œuvres, je me suis trouvée face à une indémêlable injonction contradictoire. Comment prouver à la fois que l'art de l'une est sans cesse nourri de l'art de l'autre – et réciproquement –, que leurs vocations sont nées dans la complicité de l'enfance, dans la résistance aux interdits des parents, tout en les distinguant l'une de l'autre, en leur épargnant l'amalgame ? Comment éviter que l'une soit condamnée à être toujours la sœur de l'autre ? Ces questions recoupent bien sûr celle de l'invisibilisation des « femmes de » ou des « filles de ». Mais lorsqu'elles se réfèrent à un artiste ou un auteur masculin, elles paraissent infiniment plus simples à résoudre : on rend à l'une ce que l'on a injustement attribué à l'autre. Déshabiller Auguste pour rhabiller Camille. Ici, il n'y pas vraiment de vases communicants mais des réseaux complexes, indéchiffrables pour certains.

Je démarrerai par un aveu : j'ai toujours eu assez peu de sympathie pour le personnage de Virginia Woolf. Je reconnais bien sûr son immense talent et l'apport inestimable de son œuvre à la cause féminine, mais elle n'a jamais figuré dans mon panthéon des sœurs supérieures, celles pour qui on aurait tout donné pour partager un café, un avis, une discussion. Celles dont on admire l'œuvre mais dont on envie aussi la personnalité, les actions, la vie. Woolf m'inspire une forme de tristesse et d'austérité, d'intransigeance aussi, qui inhibe toute attraction, toute assimilation. La découverte de son aînée, Vanessa, n'a pas particulièrement redoré son image. Virginia est la préférée du patriarche, Leslie, qui encourage la vocation littéraire de sa benjamine, tout en réfrénant les velléités artistiques de son aînée. « Il ne peut y avoir qu'un seul génie dans cette famille », écrit Laura Ulonati dans son roman consacré aux deux sœurs, *Double V* (2023). Pourtant les deux ont des aspirations créatrices comparables, les deux ont du talent. Adolescente, Virginia écrit debout, au pupitre, pour s'aligner avec son aînée, à hauteur de chevalet. Elle est cette cadette fragile que Vanessa doit porter à bout de bras, l'accompagnant dans ses délires, ses névroses et ses dépressions. L'une et l'autre participent au stimulant mouvement de Bloomsbury, l'une et l'autre voyagent, créent, innovent. Et pourtant, c'est Virginia qui triomphe, là où Vanessa se contente de réussir. Leur proximité, leur solidarité, incontestables durant les premières années de leurs vies, se perdent petit à petit en grandissant. La jalousie, la rancœur prennent une place de plus en plus importante. Les sœurs Stephen parviennent néanmoins, ponctuellement, à faire ensemble. Les couvertures des livres de Virginia illustrées par Vanessa sont de véritables œuvres d'art, qui ont fait les grandes heures de la maison d'édition Hogarth Press, que Virginia fonda en 1917 avec son mari, Leonard Woolf. Vanessa illustra également l'intérieur d'une des premières éditions de l'un des grands livres de sa sœur, *Kew Gardens*, et immortalisa certains de ses plus beaux portraits. *Kew Gardens* et les portraits de Virginia, c'est la quintessence des *sister arts*. Encore faut-il en saisir les moins reluisants ressorts.

Comme l'écrivent les commissaires de la première exposition monographique d'envergure consacrée à Bell à Londres en 2017 (seulement !), « dans l'ensemble, ce qui subsiste est certainement suffisant pour permettre de réévaluer Vanessa Bell comme l'une des artistes britanniques les plus avant-gardistes et les plus intransigeantes du XXe siècle ». Où serait-elle aujourd'hui sans Virginia ? Au musée d'Orsay ? Ou absolument nulle part ? En parcourant les (rares) catalogues consacrés à l'œuvre de Bell, je peine à trouver des réponses. D'un côté, je me réjouis de croiser si peu le nom de Virginia – Vanessa peut donc bien exister toute seule et n'a pas besoin de sa sœur pour s'imposer. D'un autre côté, je ne peux pas m'empêcher d'associer le talent de l'une à celui de l'autre. Virginia écornait joyeusement l'ange du foyer dans ses livres, Vanessa faisait la même chose dans ses tableaux, rompant avec des siècles d'esthétique sclérosante pour les femmes. Cette sensibilité-là, l'a-t-elle puisée dans l'œuvre de Virginia ? Ou est-ce Virginia qui l'a retranscrite, recopiée, dans ses livres ? La réalité, comme souvent, se trouve certainement quelque part entre les deux.

Mêmes questionnements du côté des sœurs Beauvoir. En relisant *Mémoires d'une jeune fille rangée*, je me suis familiarisée avec Hélène, la petite sœur de Simone. Cette

« Poupette » qui fut sa première élève[14], sa partenaire de jeux, son amie, sa confidente. Celle qui subissait, du propre aveu de Simone, sa « tyrannie », qui était son petit esclave, son petit vassal consentant. En grandissant, l'une trouverait dans l'écriture ce que l'autre atteindrait par la peinture. Le parallèle avec les sœurs Stephen est éclairant. Même schéma : celle qui écrit et celle qui peint, la postérité n'ayant retenu que la première. Simone invente des histoires, Hélène, inspirée dès l'enfance par Gustave Doré, en dessine les illustrations. Comme Vanessa, Hélène était la mal-aimée de sa mère, et c'est Simone qui la défend, convainc ses parents qu'elle doit passer son baccalauréat et qu'elle peut faire des études de dessin, puis coupe en deux son salaire d'agrégée pour lui louer un petit atelier. Simone, toujours, qui lui achète ses toiles, sa peinture et ses pinceaux, qui finance ses billets d'avion lorsqu'elle part exposer ses œuvres à l'étranger. Chez les Beauvoir, le succès commence pourtant par Hélène, qui est la première à exposer ses toiles, à vingt-cinq ans, avant que les livres de Simone ne soient publiés. La veille de son premier vernissage, dont Picasso sera l'un des illustres visiteurs, Hélène n'a qu'une angoisse : décevoir sa grande sœur. Puis l'équilibre bascule, Simone publie *L'Invitée* en 1943 et connaît à son tour la célébrité. Mais sans jamais, semble-t-il, susciter la jalousie de sa cadette, qui reste, jusqu'à la fin de sa vie, l'une de ses plus grandes et fidèles lectrices.

---

14 C'est d'ailleurs en faisant la leçon à Hélène que Simone découvrit sa vocation de professeure, comme elle l'évoque dans ce passage des *Mémoires d'une jeune fille rangée* : « Constatant les progrès accomplis par ma sœur, je connaissais la joie souveraine d'avoir changé le vide en plénitude ; je ne concevais pas que l'avenir pût me proposer entreprise plus haute que de façonner un être humain. »

Comme chez les Stephen, on a aussi tenté de travailler ensemble. En 1967, Hélène illustre ainsi *La Femme rompue* de Simone, recueil de nouvelles froidement accueilli par la critique. En mai 1968, elle peint des représentations de ce qui se passe dans les rues de Paris, en se fiant aux récits de sa sœur et à ce qu'elle entend à la radio. Et puis, au milieu, il y a Sartre, qui a beaucoup d'affection pour Poupette, petite sœur qu'il n'a jamais eue, mais dont il trouve la peinture trop conventionnelle, et à laquelle il prédit un destin rangé. Il estimera avoir eu raison en la voyant se marier – avec un militaire – et entrer en bourgeoisie. Le couperet le plus définitif se trouve certainement dans la correspondance de Simone, où celle-ci parle de sa sœur comme d'une peintre « sans grand talent[15] ». L'indéfectible soutien, l'immense affection sont donc assortis d'un cruel déséquilibre. Dans la notice qu'elle signe au sein de l'un des rares catalogues dédiés à sa sœur[16], Simone a recours à un style descriptif d'une surprenante froideur. Même Sartre, qui consacre aussi à la peintre un texte dans ce catalogue, se montre plus chaleureux et enthousiaste. L'historienne Claudine Monteil raconte, dans son livre sur les trajectoires des deux sœurs, la crispation provoquée chez Simone par la mention devant elle de l'engagement féministe d'Hélène : « Féministe avant moi, ma sœur ? Certainement pas[17] ! » Pourtant, Hélène était bien enga-

15 Auriane Guerithault, « "L'autre Beauvoir" : Hélène, artiste peintre et sœur de Simone de Beauvoir », série *Les frères et sœurs oublié·es de l'histoire*, France Culture, 24 août 2024.

16 Pour une exposition au Palais des arts et de la culture de Brest en 1975.

17 Propos de Simone de Beauvoir lors d'une conversation avec Claudine Monteil, cités par cette dernière dans *Les sœurs Beauvoir*, éditions 1, 2003.

gée au MLF local lorsqu'elle vivait près de Strasbourg, elle peignait des femmes victimes d'injustices face à des hommes accusateurs et s'inscrivait dans un écoféminisme précurseur, dès les années 1970. La relation entre les deux sœurs a ainsi sans cesse alterné entre protection et domination.

Ma vision fantasmée de ces ascensions communes, où l'entraide primerait sur tout le reste, s'est donc érodée, mais ma conclusion – toute personnelle et subjective – est sans appel. Simone ne serait pas Simone sans Hélène et vice versa, idem pour Virginia et Vanessa, Lili et Nadia, et tant d'autres – je pense encore à la poétesse américaine Emily Dickinson et à sa sœur Lavinia, poétesse elle aussi, mais totalement oubliée, à qui l'on doit la conservation des écrits de la première, qu'elle avait pourtant promis de brûler après sa disparition[18]. Toutes ces trajectoires connaissent des déséquilibres, des injustices, mais leur substrat commun est plus puissant encore. L'empêchement que l'on surmonte ensemble, la rivalité comme stimuli, l'exemple : tout cela crée un ensemble certes imparfait, mais dont l'imperfection fait la consistance, la réalité, l'humanité.

Sœurs d'avant-garde

La force créatrice des sœurs ne se limite pas aux domaines artistiques et littéraires, elle concerne aussi les

18 À ce sujet, l'ouvrage de la Québécoise Dominique Fortier *Les ombres blanches* (Alto, 2022 ; Grasset, 2023) est éclairant. Elle revient sur le travail de Lavinia et sur son rôle décisif dans la postérité de l'œuvre de sa sœur, Emily Dickinson.

avant-gardes politiques et culturelles. De tous les grands mouvements émancipateurs des XIXe et XXe siècles, on retient les « pères fondateurs », au détriment des figures féminines, absentes ou secondaires. L'exemple des sœurs Nardal, pionnières de la négritude en France, est symptomatique du genre. Ce mouvement né durant l'entre-deux-guerres, qui revendique une identité et une culture noires singulières, aurait trois illustres pères : Aimé Césaire, Léopold Sédar Senghor et Léon-Gontran Damas[19]. Il peut aussi compter, selon certains exégètes, sur la bienveillante protection d'une « marraine », Paulette Nardal, qui s'impose, depuis quelques années, dans les récits officiels. Qui était-elle ?

Née en Martinique en 1896, elle est l'aînée d'une famille bourgeoise de sept filles. Amoureux de la France, tournés vers l'Occident, ses parents – tous les deux descendants directs d'esclaves – incitent leurs filles à poursuivre leurs études sur le continent. C'est ainsi que Paulette débarque à Paris en 1920, à vingt-quatre ans. Première femme noire à étudier l'anglais à la Sorbonne, elle découvre une ville en plein bouillonnement culturel, où l'« art nègre » et la culture afro-américaine sont en pleine expansion ; elle danse au Bal nègre, y croise Simone de Beauvoir et Joséphine Baker, découvre la singularité et la richesse d'un héritage dont elle ne mesurait pas l'étendue. Elle est bientôt rejointe par certaines de ses sœurs, notamment Andrée et Jeanne, dite Jane – qui va jouer un rôle

19 Selon l'écrivaine ivoirienne Tanella Boni, une « domination des "pères fondateurs" est à l'œuvre » dans le courant culturel et politique qu'est la négritude.

déterminant à ses côtés. Dans l'appartement de Paulette, les trois sœurs créent un salon, le salon de Clamart, afin d'offrir un espace de discussion à ce courant intellectuel et politique sur la condition noire, courant foisonnant mais qui n'a pas encore de nom. Si Paulette s'intéresse avant tout à sa dimension culturelle, Jane revendique des idées plus politiques, qu'elle exprime dans de premiers articles. L'un d'eux, « L'internationalisme noir », paru en 1928 dans *La Dépêche africaine*, pose les jalons précurseurs du mouvement de la négritude avant sa création officielle[20]. Paulette crée ensuite sa propre revue, avec Léo Sajous et René Maran, *La Revue du monde noir*, en 1931. Négligée par ses contemporains comme par les historiens, sa diffusion sera très vite interrompue, après six numéros seulement. *L'Étudiant noir*, revue créée par Césaire quatre ans plus tard, connaîtra un tout autre destin et sera considérée comme l'acte fondateur de la négritude en France. Petit à petit, l'influence des Nardal régresse. Jugé trop timoré, trop complaisant à l'égard du système colonial, pas assez radical dans ses positions, le salon de Clamart est déserté, et l'on rejoint le mouvement des pères.

Si tout un courant, nourri par les *Black studies* américaines, réhabilite depuis quelques années la figure des sœurs Nardal et leur place dans la négritude, leurs apports

20 « Dorénavant, il y aurait quelque intérêt, quelque originalité, quelque fierté à être nègre, à se retourner vers l'Afrique, berceau des nègres, à se souvenir d'une commune origine. Le nègre aurait peut-être à faire sa partie dans le concert de races où jusqu'à présent, faible et intimidé, il se taisait. » (Jeanne Nardal, « L'internationalisme noir », *La Dépêche africaine*, 1928; citée par Cécile Bertin-Élisabeth, « Les Nardal: Textes, co-textes, contextes », *Fédérer Langues, Altérités, Marginalités, Médias, Éthique*, n° 1, 2021.)

ont longtemps été minimisés, voire niés, par les pères fondateurs eux-mêmes, qui ne reconnaîtront qu'à demi-mot avoir fréquenté le salon de Clamart. Paulette confie ainsi dans ses mémoires : « Césaire et Senghor ne se sont pas conduits vis-à-vis de moi d'une façon très correcte alors qu'ils m'avaient connue à Paris sur ces sujets et estimaient que ce n'était pas la peine de mentionner mon action. Il est peut-être bon, même si cette influence n'a pas été à leur avis décisive, de leur rappeler que ces idées ont eu des promotrices qui ont malheureusement été des femmes[21]. » Elle écrira aussi en 1963 à l'historien Jacques Hymans, qui préparait alors une biographie de Senghor : « [Césaire, Damas et Senghor] ont repris les idées que nous avons brandies et les ont exprimées avec beaucoup plus d'étincelles et de brio. Nous n'étions que des femmes, mais de véritables pionnières. Nous leur avons indiscutablement ouvert la voie[22]. » Selon Maryse Condé, les sœurs Nardal ont posé la première pierre de ce que l'on a appelé « l'internationalisme nègre » et elles méritent bien plus que le titre compensatoire de marraine[23]. Les querelles de « paternité » sont, sur ces sujets, souvent stériles – car les mouvements de cette ampleur sont rarement le fruit d'initiatives individuelles, mais bien l'aboutissement d'actions

21 Philippe Grollemund, *Fiertés de femme noire. Entretiens/mémoires de Paulette Nardal*, L'Harmattan, 2019.

22 Jacques Louis Hymans, *Léopold Sédar Senghor: An Intellectual Biography*, Edinburgh University Press, 1971. Je traduis.

23 « Elles ont voulu être des intellectuelles. C'était en fait un domaine réservé aux hommes. Alors on ne leur permettait pas d'entrer dans ce terrain qui les fascinait. » (Extrait du documentaire de Jil Servant *Paulette Nardal, la fierté d'être négresse*, 2004.)

éparses, plus ou moins synchronisées, qui un jour se rejoignent et acquièrent toute leur force. Mais reconnaître leur inestimable apport était une nécessité.

En cherchant bien, beaucoup de nations et de combats ont leurs « sœurs fondatrices » : les sœurs Mirabal contre la dictature de Trujillo en République dominicaine, les sœurs Trung face à la domination chinoise au Vietnam, Edythe Scott Bagley et Coretta Scott King pour les droits civiques aux États-Unis, ou encore la philosophe féministe Mary Wollstonecraft et ses sœurs au Royaume-Uni. Ces histoires, certaines commencent à les écrire – l'exemple des Nardal est éclairant : après des décennies de silence, plusieurs ouvrages, articles et podcasts leur sont consacrés au moment où j'écris ce livre[24]. Poursuivons ce mouvement salutaire et ouvrons-leur grand les portes du château.

Carla, Valeria, mes sœurs et moi

C'est donc ici, au terme de ce chapitre, que les sœurs Bruni Tedeschi entrent en scène. Dans la série radiophonique *À voix nue* qui lui était consacrée, Carla Bruni évoquait en 2019 sa relation avec sa sœur Valeria en des termes qui m'ont, pour des raisons aussi insondables qu'irrationnelles, particulièrement marquée. Lorsqu'elle se confie à l'animatrice Marie-Laure Delorme, au cours de cette longue conversation feutrée, Carla évoque les trois années d'écart qui la séparent de sa sœur, sa certitude que

24 Voir à ce sujet l'ouvrage de Léa Mormin-Chauvac, *Les sœurs Nardal. À l'avant-garde de la cause noire* (préface d'Alain Mabanckou), Autrement, avril 2024. Voir également l'enquête du *Monde* signée Benoît Hopquin, « Les sœurs Nardal, aux avant-postes de la cause noire », 16 juillet 2021.

si Valeria n'avait pas existé, elle serait « morte de silence », sa fascination pour cet être « à la limite du truc totalement extraordinaire », qui ne sait se contenir que dans certaines circonstances. Et si elles ne sont pas tout à fait du même sang – elles n'ont pas le même père biologique, mais ont été élevées par les mêmes parents –, Valeria l'a toujours protégée, lui a toujours indiqué la route à suivre. Le récit d'une scène en particulier m'est resté en mémoire : Valeria, visiblement très remontée, débarque dans la chambre de Carla et commence à faire sa valise « comme dans les films ». Faire sa valise comme dans les films consiste à attraper violemment tous les cintres de sa penderie et à les jeter dans une valise, sans rien ordonner ni plier. Dans le feu de l'action, Valeria, soudain, s'interrompt et regarde sa sœur : « Je m'en rends compte, tu sais, que je fais ma valise comme ça. » « Et ça, c'est ma sœur », conclut Carla.

Cet épisode, qui peut sembler banal, représente pour moi – qui n'ai pas de fascination particulière pour l'une ou l'autre des deux sœurs – quelque chose de terriblement authentique et touchant. Personne, mieux que votre sœur, ne vous saisit jusqu'aux subtilités nichées dans un simple rangement de valise (mes lecteurs, à ce stade du livre, doivent bien se douter du sort réservé aux miennes). On imagine les tensions et les rivalités qui ont pu naître entre les deux (même si elles suivent ce précieux précepte : chacune sa discipline, et les moutons seront bien gardés), mais on comprend surtout l'immense affection qui les relie, et qui transcende tout le reste.

Voulant donner une coloration contemporaine à ce chapitre, j'ai cherché partout, dans les interviews prolifiques de Charlotte Gainsbourg et Lou Doillon, dans celles de Catherine et Marie-Hélène Breillat, de Lio et d'Helena Noguerra, ou de Jeanne et Louise Damas, les pièces à conviction pouvant nourrir ma théorie sur l'émulation créative engendrée par la sororité, mais j'y ai d'abord trouvé les preuves authentiques de leur affection. N'est-ce pas, après tout, la seule chose qui compte ?

6. QUI A PEUR DE MES SŒURS ? LES SORCIÈRES, LES ASSASSINES

Les sœurs fatidiques, la main dans la main, — messagères de terre et de mer, — ainsi vont en rond, en rond. — Trois tours pour toi, et trois pour moi, — et trois de plus, pour faire neuf. — Paix !... Le charme est dans le cercle.

William Shakespeare, *Macbeth* (traduction de Victor Hugo)

Le 12 octobre 2017, l'actrice Rose McGowan révélait sur Twitter avoir été violée par le producteur Harvey Weinstein, brisant une longue omerta et provoquant une déflagration sans précédent dans le monde du cinéma. Trois jours plus tard, une autre actrice hollywoodienne de sa génération, Alyssa Milano, réactivait le hashtag #MeToo[1], entraînant un flot ininterrompu de témoignages dans une campagne qui fut la plus virale et la plus politique de la brève histoire du réseau social. Les exégètes de cette année hors norme retiendront ces deux noms comme déclencheurs de ce vaste mouvement de libération de la parole des femmes : Rose et Alyssa[2].

---

1 Il est important de rappeler que le hashtag existe depuis 2007, créé par une travailleuse sociale afro-américaine, Tarana Burke, qui fut à l'initiative de la première campagne de dénonciation en ligne des violences sexuelles, notamment envers les minorités.

2 Précisons qu'elles ne s'étaient pas concertées, les deux actrices sont même en guerre l'une contre l'autre, la première accusant la seconde d'instrumentaliser la cause féministe.

Le retour sur le devant de la scène de ces deux actrices devait réveiller chez moi le souvenir des années *Charmed*, série américaine mythique du début des années 2000, racontant le quotidien de trois sœurs sorcières dans le San Francisco contemporain. L'interruption de la série en 2006 fit sombrer ses interprètes principales – Rose McGowan, Alyssa Milano et Holly Marie Combs[3] – dans un relatif oubli. Celles qui m'offraient, quand j'avais douze ans, des modèles de courage, d'émancipation et d'abnégation féminine réitéraient leur message quinze ans plus tard, en le chargeant d'une réalité dramatique et d'un engagement politique d'une tout autre nature. Du *soap* de seconde zone à l'interpellation féministe, de l'écran de télévision de mes parents au fil Twitter de mon Mac, le médium change mais les messagères restent. Il y avait pour moi quelque chose d'évident et de naturel dans cette filiation : les héroïnes de mon enfance devenaient les hérauts de ma vie d'adulte, et retrouvaient une part de leurs pouvoirs et de leur magie. Au même moment, on assistait à une réhabilitation jouissive et salutaire de la figure de la sorcière, nouveau totem d'un mouvement féministe qui se régénérait, avec, en France, l'impulsion virtuose d'une Mona Chollet.

Dans la série *Charmed*, les sœurs Halliwell arrêtent le temps, prédisent l'avenir et se téléportent. Paige (incarnée par Rose McGowan) était aussi dotée, en tant qu'Être de lumière (précisons, pour ceux qui ne seraient pas familiers de la série, qu'elle est une sorte d'ange gardien, en

3 Mentionnons également Shannen Doherty, qui avait quitté la série en 2001.

plus d'être une sorcière), du pouvoir de guérison, qui lui permettait de soigner les blessures infligées aux innocents. Dans la vraie vie, Rose et Alyssa ont, d'une certaine manière, arrêté le temps – celui de l'impunité macabre de la violence masculine –, prédit l'avenir – un monde où l'on écoute et où l'on respecte la parole des femmes (disons que la prédiction est en cours de réalisation) –, tout en participant à cette vaste entreprise de guérison collective.

Sans leur conférer un poids démesuré dans les évolutions féministes de ces dix dernières années, je crois que ces deux figures permettent d'aborder une autre facette de mes sœurs : les sœurs sorcières. Si le procès en sorcellerie a longtemps servi d'alibi commode pour condamner et opprimer les femmes présumées menaçantes, ce procès s'est abattu de façon plus implacable encore sur les sœurs, dont le redoutable attelage devait être canalisé, marginalisé. Adulées dans leur jeunesse, puis craintes et caricaturées dans leur maturité, les sœurs sorcières connaissent dans la fiction une ambivalente destinée. Leur maturité est indissociable des effroyables Weird Sisters de *Macbeth*, qui fixèrent durablement les contours et les attributs de la sorcière dans l'imaginaire occidental. Alors, peut-on faire sœurs sans faire peur ? Et que craignent leurs accusateurs, en réalité ?

Le pouvoir des trois

En janvier 2002, le groupe Hachette m'offrait le plus précieux des cadeaux en rebaptisant *Minnie Mag*, la revue fétiche de mon enfance, *W.I.T.C.H. Mag*, mettant ainsi à l'honneur cette bande dessinée du groupe Disney qui rencontra un succès fulgurant chez les pré-adolescentes du début des années 2000[4]. La série raconte l'histoire de cinq collégiennes, dont les initiales formaient l'éloquent acronyme W.I.T.C.H. (Will, Irma, Taranee, Cornelia et Hay Lin), chargées de protéger l'existence d'un univers parallèle et d'empêcher le mal de déborder sur le monde réel. Les cinq héroïnes partagent leur vie entre contingences adolescentes et affrontements magiques; d'un monde à l'autre, elles troquent leurs tenues et leurs silhouettes de jeunes filles contre des corps de femmes vêtues comme des fées, leurs longues jambes fuselées, leur poitrine bombée et leur dos ailé agrémenté d'un justaucorps moulant épousant à la perfection leur plastique impeccable. Elles étaient le prolongement magique des sœurs de la série animée japonaise *Signé Cat's Eyes*: Cyllia, Tam et Alexia Chamade, serveuses dans un café le jour, voleuses d'œuvres d'art la nuit.

Dans son célèbre *Sorcières. La puissance invaincue des femmes*, Mona Chollet raconte qu'elle appartient à une génération de petites filles pour qui la figure de la sorcière a d'abord été un être positif et bon[5]. Il y a les marâtres, les harpies et les vengeresses, les nez crochus, les robes noires et les ongles sales, mais il y a surtout ces personnages

4 Série de bande dessinée créée par l'autrice italienne Elisabetta Gnone en 2001, dessinée par Alessandro Barbucci et mise en couleur par Barbara Canepa, éditée et appartenant à la Walt Disney Company. La série est parue au départ dans *Minnie Mag* (mensuel fondé en 1994). Face à sa popularité, le magazine fut renommé *W.I.T.C.H. Mag* de 2002 à 2012. Depuis 2012, il s'intitule *Disney Girl*.

5 Elle prend l'exemple de Floppy le Redoux, personnage du roman de Maria Gripe *Le Château des enfants volés* (1975): «Avec Floppy Le Redoux, la sorcière est définitivement devenue pour moi une figure positive.»

puissants et séduisants, dotés de formidables pouvoirs. « La sorcière, écrit Mona Chollet, incarne la femme affranchie de toutes les dominations, de toutes les limitations ; elle est un idéal vers lequel tendre, elle montre la voie. » Je me range sans hésitation de ce côté-là. Toute mon enfance et mon adolescence ont été peuplées de ces figures de jeunes femmes « normales », qui se retrouvent du jour au lendemain investies d'une mission qui les transcende et les dépasse. Après les *W.I.T.C.H.*, la série *Charmed* de Constance M. Burge devait, de ce point de vue, jouer un rôle déterminant. Les sœurs Halliwell tiraient le fil de la sorcellerie triomphante, mais ajoutaient un élément supplémentaire au processus d'identification qui m'était, vous l'aurez compris, indispensable : la relation entre sœurs. Les sœurs Halliwell nous fascinaient, mes sœurs et moi, car elles n'étaient pas des êtres éthérés, mythologiques ou lointains, mais des jeunes femmes bien réelles, exerçant de vrais métiers, allant au restaurant et au supermarché, tombant amoureuses d'hommes plus ou moins recommandables.

Dans *Charmed*, comme dans *W.I.T.C.H.*, l'apparition des pouvoirs entraînait une période d'initiation et d'apprentissage, allant des maladresses au contrôle et mimant, avec plus ou moins de subtilité, l'expérience de la puberté. La découverte des pouvoirs se muait en allégorie de la découverte de ce corps qui change, suivie de phases de rejet, d'incompréhension, de douleurs, puis de prise en main, d'acceptation, de triomphe. Le corps est un pouvoir qui soudain se développe sans que vous le maîtrisiez. Le corps est un pouvoir, mais il attise les convoitises et devient donc aussi un danger – pour les autres, mais également pour lui-même, transformé en cible des hommes qui veulent s'en emparer. Les sœurs vivent ainsi dans l'insouciance jusqu'à ce qu'elles prennent connaissance de leurs pouvoirs, et devront ensuite, durant 178 épisodes, combattre majoritairement les hommes qui chercheront à les leur voler. Démunies au départ face à ces facultés magiques, elles en développeront, au fil des saisons, la parfaite maîtrise.

Cet apprentissage, elles le traversent ensemble. La fratrie Halliwell n'est pas épargnée par les chamailleries, les jalousies et les colères, mais elle se retrouve toujours autour du « pouvoir des trois », coalition qui transcende les différends et s'érige en redoutable rempart contre les ennemis maléfiques qu'elles ont pour mission commune d'anéantir. Dans les rares travaux universitaires consacrés à la série et à son audience[6], il a été démontré que les spectateurs sont moins intéressés par la dimension magique que par la dynamique qui lie les trois sœurs et la complicité féminine qu'elle met en action : c'est le « pouvoir des trois », bien plus que le pouvoir tout court, qui plaît. L'accent mis sur la solidarité féminine, ces trois jeunes femmes toujours prêtes à se défendre et à se protéger les unes les autres, donnait à la série des accents quasi militants. *Charmed* incarnait ainsi l'introduction des préoccupations féministes dans une certaine culture populaire et mainstream aux États-Unis. Dans un paysage audiovisuel

6 Rebecca Feasey, « The "Charmed" audience: Gender and the politics of contemporary culture », *The Spectator*, n° 25, 2005.

largement dominé par des personnages féminins rivaux et superficiels, les sœurs Halliwell faisaient figure d'exception salutaire. Le féminin collectif pouvait avoir du bon.

Je me suis souvent demandé pourquoi cette série, en dépit de son immense succès d'audience, avait été reléguée au statut de programme subalterne, exclu des références de la pop culture féministe contemporaine. *Buffy contre les vampires*[7], elle, a été érigée au statut d'icône et fait l'objet d'études prolifiques insistant, de colloques en papiers universitaires, sur son rôle dans la déconstruction des canons féminins d'Hollywood[8]. Comme l'expliquait en 2021 une journaliste du *Guardian* qui partage ma circonspection, *Charmed* a pourtant battu à son époque tous les records de longévité pour un programme de télévision américain mettant en vedette exclusivement des femmes (il sera dépassé plus tard par *Desperate Housewives*)[9]. Certes, le jeu des actrices est d'une qualité parfois discutable, comme le sont d'ailleurs les effets spéciaux, qui nous apparaissent aujourd'hui terriblement vieillots. L'intrigue peut être répétitive ou attendue, les

---

7 Série télévisée américaine en 144 épisodes créée par Joss Whedon, diffusée entre 1997 et 2003 aux États-Unis. Elle raconte l'histoire de Buffy Summers (interprétée par Sarah Michelle Gellar), une tueuse de vampires issue d'une longue lignée d'Élues luttant contre les forces du mal.

8 De très nombreux ouvrages, articles académiques et colloques universitaires se sont intéressés à la figure de Buffy depuis la fin des années 1990, aussi bien par le prisme des *gender studies* que des études sociologiques ou d'esthétique. Notons par exemple le colloque de 2002 organisé à l'initiative de l'université d'East Anglia. Ce vaste corpus forme ce que l'on appelle les *Buffy studies*, ou *Buffyology* – voir la version anglaise de la page Wikipédia à ce sujet, très riche et documentée.

9 Isabelle Oderberg, « Charmed: sister witches juggle life and magic in this oddly relatable late-90s cult hit show », *The Guardian*, août 2021.

personnages d'une originalité relative, mais la série évolue constamment, se développe et mûrit, tout comme les sœurs et leurs pouvoirs. Au-delà d'une façade parfois simpliste, *Charmed* transmet, pour un public d'adolescentes et de jeunes adultes, des messages salutaires sur le rôle des hommes et des femmes, les conflits familiaux, l'éducation, l'équilibre entre vie professionnelle et vie privée, les relations abusives, le sexe, et bien d'autres sujets encore, qui n'ont rien perdu de leur pertinence aujourd'hui.

Le *reboot* laborieusement lancé en 2018 a échoué à réactiver le « pouvoir des trois », et s'est arrêté en 2022, incapable de trouver son public. L'une des actrices originales, Holly Marie Combs, s'était insurgée lors du lancement, car la série se revendiquait comme une version « plus féministe » de la précédente, déniant à cette dernière toute impulsion en la matière. Or, féministe, le *Charmed* des années 2000 l'était bel et bien, dans un paysage audiovisuel mainstream totalement sourd à ces préoccupations ; il ne l'était pas de façon revendiquée ni appuyée, mais dans ses interstices et ses nuances. La reprise a échoué là où l'original l'avait emporté par effraction ou par accident. On ne se drape pas si facilement dans sa vertu, celle-ci se construit avec votre époque, et celles et ceux qui vous regardent. Si *Buffy contre les vampires* n'a pas eu à subir les écueils d'un navrant *reboot*, c'est parce qu'on estime que la série a dit ce qu'elle avait à dire. Peut-être aussi parce qu'elle était l'œuvre d'un homme – qui se verra plus tard accusé d'instrumentalisation, d'hypocrisie et de sexisme… *Charmed* était l'œuvre d'une femme qui est toujours restée très discrète sur sa création. Buffy était entourée d'hommes, cordon sanitaire indispensable à la crédibilité du programme. Or, les hommes, les sœurs Halliwell les combattaient.

Inquiétante étrangeté

Charmed, c'est aussi une maison, un grimoire et un grenier. Le manoir de San Francisco dans lequel elles vivent, et dans lequel a vécu avant elles toute une lignée de femmes sorcières, est un personnage à part entière donnant à la série cette esthétique envoûtante et gothique qui me semble indissociable des histoires de sœurs que j'ai pu dévorer. Est-ce l'empreinte indélébile des sœurs Brontë, qui auraient fait du décor occulte et misérable de leurs courtes vies un puissant courant dans lequel s'inscriront des générations d'autrices ? Sans qu'il soit explicitement question de sorcellerie, beaucoup des univers dans lesquels évoluaient les fratries féminines de mon enfance étaient marqués par ce subtil alliage de réclusion et de magie. Petites, mes sœurs et moi avions par exemple dévoré la saga *Quatre sœurs* de l'autrice Malika Ferdjoukh, qui racontait le quotidien non pas de quatre mais de cinq sœurs (elles en avaient donc toutes quatre, vous suivez ?). Charlie, Bettina, Geneviève, Hortense et Enid donnent chacune leur nom à l'un des tomes. Comme chez les Bennet, les March et toutes les autres, le contexte familial initial n'est pas réjouissant. Quand la saga démarre, les parents sont morts il y a moins d'un an, et les cinq sœurs vivent sous la protection de l'aînée, Charlie, dans l'imposant manoir de Vill'Hervé face à l'océan, avec son escalier à vis hélicoïdal digne des donjons médiévaux, ses couloirs sombres et tortueux, son effrayant grenier et, dans le jardin, son sycomore hurlant les soirs de tempête. Enid, la benjamine, a une chauve-souris pour meilleure amie et voit apparaître régulièrement le spectre fantomatique de ses parents.

En relisant cette série aujourd'hui, je suis frappée à la fois par la qualité de son écriture et surtout par l'omniprésence de cette esthétique où la drôlerie côtoie l'obscur, où le confinement des lieux ne limite jamais les imaginaires foisonnants de celles qui les habitent. Cette esthétique-là inspire de nombreux récits contemporains – je pense notamment aux six sœurs du roman gothique de Sarai Walker, *Les Voleurs d'innocence*[10], ou encore aux sept sœurs de Geneviève Brisac, *Les Sœurs Délicata*[11]. Moins nombreuses mais tout aussi inquiétantes sont les histoires de *Sœurs* de la jeune romancière britannique Daisy Johnson, ou encore celles de Mathilde Janin dans son récent et troublant *Soror*. Dans tous ces récits, on croise les mêmes vieilles maisons hantées, la même aura de mystère et de songe, les mêmes atmosphères ouatées, confinées, poétiques et intrigantes… Il y a toujours chez ces sœurs une *inquiétante étrangeté*, celle que l'on retrouve dans le cliché mythique de Diane Arbus, *Identical Twins*, capturé en 1967 dans le New Jersey lors d'une surprenante fête des jumeaux organisée le jour de Noël. Ce cliché, qui aurait inspiré les jumelles du film *Shining* de Stanley Kubrick, représente Cathleen et Colleen Wade, deux petites filles debout l'une à côté de l'autre, vêtues d'une même

---

10 Roman gothique fleuve racontant l'histoire des six sœurs Chapel, qui vivent dans une vieille bâtisse victorienne avec leurs parents et sont sujettes à une même malédiction.

11 Sept petites filles dans un grand appartement, soumises aux mêmes étrangetés, disparitions et mystères, dans un mélange de magie et de spiritualité.

robe noire, collerette et bandeau blanc, l'une esquissant un sourire, seul élément qui la distingue de sa voisine de droite. La photo charrie ce qui serait, pour la biographe d'Arbus, Patricia Bosworth, la quintessence de son art : la fascination pour les identités doubles. D'une certaine façon, la normalité dans la bizarrerie et la bizarrerie dans la normalité. Les jumelles semblent d'ailleurs porter à son paroxysme cette idée d'inquiétante étrangeté, comme l'explique la philosophe américaine Helena de Bres dans son livre (non traduit en français) *How to Be Multiple: The philosophy of twins* (2023), auquel *The New Yorker* consacrait une importante recension début 2024[12]. Le livre décrit cette fascination mêlée d'effroi qui entoure les jumeaux et les jumelles. Cantonnées au style gothique et aux films d'horreur, assimilées aux siamoises et aux redoutables jumelles de *Freaks*, leur dualité évoque, de façon visible et dérangeante, l'altérité présente en chacun de nous. L'autrice, qui a elle-même une sœur jumelle, rappelle tous les stéréotypes qui pèsent sur les jumeaux : « Nous, les vrais jumeaux, serions donc des créatures rusées, perturbatrices, voire séditieuses. Nous sommes le crime parfait. La plupart des gens ne nous rencontrent qu'occasionnellement, mais cette expérience, ou la simple idée des jumeaux, peut attiser des angoisses quand à nos fragilités et nos difficultés à stabiliser nos propres identités[13]. »

---

12 Parul Sehgal, « The twins obsession », *The New Yorker*, 22 janvier 2024, consulté le 27 janvier 2024.

13 Il s'agit de ma traduction, le texte original est le suivant : « *We identical twins, then, are tricky, disruptive, even seditious creatures. We are the perfect crime. Most people only run into us occasionally, but the experience of doing so, or the simple idea of twins, can enflame broader anxieties about the fragility of everyone's capacity to stably identify anyone.* »

Ces univers d'inquiétante étrangeté m'enchantaient enfant et m'enchantent encore aujourd'hui car ils permettent de sortir de l'esthétique hégémonique assignée aux jeunes filles, où le rose règne en maître, où tout n'est que douceur duveteuse et inoffensive harmonie. L'inquiétante étrangeté permet ici de s'extirper du piège « nunuche », elle dévoile une part d'ombre, tolère l'ambivalence, accueille la nuance. Elle ébranle mes petites filles modèles sans les anéantir pour autant, ce qui en fait un courant salutaire qu'il aurait été heureux de pouvoir prolonger.

Vieilles sorcières mal aimées

Cet équilibre entre l'étrange et le beau, l'effrayant et le désirable, ne résiste pas au temps. Toléré dans la jeunesse, il bascule à un moment donné dans la caricature. Le gothique devient bouffon, l'étrange vire à l'infâme. Les sœurs Halliwell trouvent ainsi, chez les sœurs Sanderson de *Hocus Pocus* (1993), de grotesques parentes. Sorti la même année que le film français *Les Visiteurs*, le film de Kenny Ortega en partage le mécanisme (projeter dans l'époque contemporaine des personnages du passé) sans en avoir ni l'originalité ni l'humour. Les trois sorcières ont démarré leur funeste quête au XVIIe siècle, où elles sèment la terreur sur la ville de Salem, capturant l'énergie vitale des enfants de la région pour retrouver leur propre jeunesse perdue. Pendues par les notables de la ville, elles réapparaissent par magie dans les années 1990, le soir d'Halloween, dans une ville de Salem toujours aussi obsédée par la sorcellerie. Nos trois vieilles sœurs n'ont rien perdu de leur ambition d'antan : redevenir jeunes, retrouver les petites filles modèles qui sommeillent en elles. Après tout, quelle que soit l'époque, que peuvent bien chercher d'autre trois vieilles femmes laides et célibataires ?

Le hasard des programmations télévisuelles ou le bon goût de mes parents exclurent *Hocus Pocus* de ma filmothèque d'enfant – son trio de sœurs sorcières, la brune, la blonde et la rousse, aurait pourtant pu nous offrir de rebutants reflets, à mes sœurs et moi. Contrairement à Prue, Piper, Phoebe et Paige Halliwell, Winifred, Sarah et Mary sont vieilles, laides et grossières. Plus pathétiques qu'effrayantes, elles n'ont ni le charme, ni la modernité, ni la puissance de leurs lointaines cousines du petit écran, pas plus d'ailleurs qu'elles n'ont la majesté de méchantes sorcières comme Maléfique dans *La Belle au bois dormant* de Walt Disney ou Karaba dans *Kirikou*. Chez elles, tout est farce et burlesque.

Au départ, tout ça n'a pourtant rien d'une farce. Les procès pour sorcellerie infligés à des centaines de femmes – et quelques hommes[14] – du Massachusetts entre 1692 et 1693 ne sont ni fictifs ni anecdotiques. Chasse aux sorcières la plus importante de l'histoire des États-Unis, les procès de Salem en marquèrent durablement la culture comme la politique et la religion. Loin du vaudeville un peu potache d'*Hocus Pocus*, l'épisode de Salem aura surtout vu s'exprimer la misogynie larvée d'une partie de l'Amérique puritaine, accrochée au précepte de la Bible « Tu ne laisseras point vivre la

14 85 % des accusés étaient des femmes, et sur les vingt personnes exécutées, il y avait quatorze femmes et six hommes. Les trois premières accusations de sorcellerie, visaient trois femmes : Sarah Good, Sarah Osborne et Tituba.

magicienne» (précepte aussi mentionné et redouté par Piper Halliwell dans *Charmed*). Parmi les femmes condamnées pour sorcellerie en 1692, on retrouve bien un trio de sœurs: Rebecca Nurse, Mary Eastey et Sarah Cloyce. Privées d'avocat, les deux premières firent partie des quatorze femmes exécutées cette année-là. Sarah ne dut son salut qu'à la décision du gouverneur Phips, qui mit un terme à cette chasse macabre. Ces trois sœurs auraient-elles inspiré les paresseux scénaristes d'*Hocus Pocus*? Peut-être. Ce qui est certain, c'est qu'elles appartiennent à une longue lignée que l'on peut facilement retracer. L'examen attentif des sources antiques permet de faire apparaître une multiplicité de sœurs sorcières, souvent regroupées par trois, ragaillardies dans l'horreur par leur multiplicité.

À l'origine de cette lignée, on retrouve dans la mythologie gréco-romaine de sinistres trios, exerçant leur empire sur d'impuissants mortels, terrorisant des générations de coupables et d'innocents. Les Parques romaines et leurs homologues grecques, les Moires, d'abord. Divinités primordiales symbolisant la destinée humaine, sœurs filandières intraitables qu'adorent et craignent les anciens. Plus effrayantes encore sont leurs cadettes, les Érinyes[15], ces hideuses «déesses infernales» avec des serpents en guise de cheveux et dotées de grandes ailes. Elles sont les proches parentes des harpies, lesquelles franchissent un

15 Les sources antiques divergent sur leur lignée: selon Épiménide, dans un fragment cité par Jean Tzétzès, elles sont les sœurs cadettes d'Aphrodite et des Moires. Mais pour Eschyle, elles sont les filles de Nyx et pour Sophocle celles de Gaïa et de Scotos.

pas supplémentaire dans l'horreur puisque ces sœurs-là n'ont d'autre dessein que la dévastation du monde, vaste entreprise qu'elles poursuivent avec vélocité, ne laissant sur leur passage que leurs excréments, « écoulements de cette lie impure » qui « empoisonnent les airs et souillent la verdure », selon les mots de Virgile dans l'*Énéide*. Citons enfin les trois Gorgones, Méduse et ses deux sœurs, souvent oubliées, Euryale et Sthéno. Toutes trois sont dotées d'yeux qui pétrifient les malheureux ayant l'imprudence de croiser leur regard.

Toutes ces sœurs mythologiques inspirèrent certainement les trois sorcières du *Macbeth* de Shakespeare, connues sous le nom de « Weird Sisters » ou « Wayward Sisters », que Victor Hugo nommera dans sa traduction de la pièce les « sœurs fatidiques » (d'autres traductions contemporaines de celle d'Hugo parleront de « sœurs du destin[16] » ou de « sœurs fatales[17] »). Ces trois sorcières qui, au début de la pièce, dansent en rond autour d'un chaudron en y jetant des entrailles empoisonnées et des crapauds bouillis, prédisent à Macbeth sa destinée de roi, prémonition macabre qui le mènera à sa propre destruction. Ces « créatures si flétries et si farouches dans leur accoutrement, qui ne ressemblent pas aux habitants de la terre », aux « doigts noueux » et aux « lèvres de parchemin », sont des femmes dont les barbes réfutent le genre. Avec ses Weird Sisters, Shakespeare dessinait le trope de la sorcière dans la culture occidentale. Comme dans les

16 Dans la traduction de François Guizot (1864).
17 Dans la traduction d'Émile Montégut (1867).

sources antiques, il n'en faisait pas un personnage autonome agissant seul, mais une malédiction qui s'abattait en trio, trio qui s'accorde au féminin et qui, pourtant, en est la négation. Selon l'historienne Diane Purkiss, autrice d'une riche recension[18] sur les sorcières dans l'histoire (non traduite en français), « *all our witches are the daughters of the Weird Sisters, because all our witches, from the Witch of Atlas to Starhawk, are displays*[19] » (« toutes nos sorcières sont les filles des Weird Sisters, car toutes nos sorcières, de la sorcière de l'Atlas à Starhawk, en sont des copies »).

Les assassines

Le féminin pluriel est redouté, je l'ai abondamment décrit dans mon premier chapitre. Ajoutez-y la vieillesse et la germanité, et vous aurez là deux circonstances aggravantes. Dans le générique d'*Arsenic et vieilles dentelles* de Frank Capra, adapté de la pièce de théâtre de Joseph Kesselring, on retrouve des images inspirées de la tradition des Weird Sisters shakespeariennes : des sorcières chevauchant des balais, entourées de citrouilles et de chats noirs. Le film démarre le jour d'Halloween, et ça n'a rien d'anodin. Tout commence pourtant loin de la magie et de la sorcellerie, dans le New York de la fin des années 1930. Mortimer Brewster (Cary Grant), critique dramatique en vue, renonce à sa sacro-sainte vie de

18 Diane Purkiss, *The Witch in History: Early Modern and twentieth-century representations*, Routledge, 1996.

19 « The Witch of Atlas » est le titre d'un poème de Percy Bysshe Shelley, écrivain romantique anglais et époux de Mary Shelley. Quant à Starhawk, il s'agit d'une écrivaine et militante écoféministe américaine, née en 1951, qui se revendique sorcière.

célibataire en demandant la belle Elaine Harper (Priscilla Lane) en mariage. La demande acceptée, il s'empresse d'aller annoncer la bonne nouvelle à ses deux vieilles tantes, Abby et Martha Brewster, qui l'ont élevé. Dans le quartier de Brooklyn où elles vivent depuis toujours, les deux sœurs Brewster sont, selon la maréchaussée new-yorkaise qui rôde aux alentours ce soir-là, « les plus aimables vieilles dames qui soient », « des anges », des « pétales de roses séchées ». Les deux vieilles dames en question, incarnées à l'écran par Josephine Hull et Jean Adair, ont tout des mamies-gâteaux inoffensives hébergeant par charité des pensionnaires occasionnels dans leur vaste manoir et fournissant de revigorants bouillons de poule aux malades du quartier. Le tableau se grippe lorsque Mortimer ouvre le coffre du salon et y découvre un cadavre. La panique du neveu n'a alors d'égale que la désinvolture des tantes. Oui, oui, il y a bien un mort dans le coffre, il n'est pas le seul, d'autres l'ont précédé, et tous sont désormais enterrés dans la cave. Sont-ils onze ou douze ? Là-dessus, les sœurs ne parviennent pas à s'entendre, mais une chose est sûre : elles leur ont rendu service, elles qui « aident les vieillards à trouver la paix », en pratiquant une forme d'euthanasie douce, grâce à une concoction létale obtenue à partir d'un vin de prune, d'un peu d'arsenic et de cyanure.

Dans ce savant alliage de la farce et du macabre, Capra introduit un nouvel archétype de personnage féminin : la vieille tante. Ici, en l'occurrence, les vieilles tantes – je reviens toujours à mon féminin pluriel. Entre gentilles grand-mères et vilaines sorcières, elles sont les ancêtres de Hilda et Zelda Spellman, les deux tantes de *Sabrina, l'apprentie sorcière*, ou encore celles des jumelles Zeniba et Yubaba, dans *Le Voyage de Chihiro*. Ces vieilles tantes sont affligées, en plus de leur vieillesse et de leur célibat, du vice criminel, qui semble pourtant épargner les femmes de cette époque-là.

Quelques années avant la sortie du film de Capra, un autre duo de sœurs assassines, bien réelles cette fois, avait marqué la France du début du XXe siècle : Christine et Léa Papin. Le 2 février 1933, les sœurs, qui officiaient comme bonnes dans une maison bourgeoise de la ville du Mans, ont sauvagement assassiné leur maîtresse et sa fille, leur arrachant les yeux et leur écrasant la tête, avant d'aller s'enfermer dans leur chambre, où on les retrouvera quelques heures plus tard, recroquevillées l'une contre l'autre comme de monstrueuses siamoises. Au terme du procès, les juges écartèrent l'hypothèse de la folie et retinrent le motif ignominieux du crime social. Christine, protégeant sa cadette, en porta l'entière responsabilité et fut condamnée à mort (peine qui fut commuée en travaux forcés à perpétuité), sauvant la vie de sa sœur, qui purgea une peine de dix ans de prison.

Le scandale national provoqué par ces meurtres se doubla plus tard de virulents débats, qui se poursuivirent tout le long du siècle. Était-ce un meurtre de revanche de classe, prémédité et de sang-froid ? Ou bien la résultante macabre d'un accès de folie, que des éléments psychiatriques auraient pu sinon absoudre au moins expliquer ? De l'univers vaudevillesque de Capra on passe à celui, glaçant, d'un terrible fait divers. Le traitement médiatique de l'affaire est révélateur de la perception des femmes criminelles, comme l'écrit l'historienne Arlette Farge : « La construction de figures stéréotypées et souvent monstrueuses déforme, caricature et amplifie de façon plus que négative les visages des femmes très déviantes[20]. » Lacan, Genet, Éluard, Sartre ou Claude Chabrol s'emparèrent de ce récit et en furent tous les exégètes prolixes et inspirés. Pour Simone de Beauvoir, fascinée par les faits divers et tout particulièrement celui-ci, les sœurs seraient unies par un amour érotique et seraient les victimes d'une société archaïque, « les instruments et les martyres d'une sombre justice[21] ». Sartre, de son côté, en fait deux héroïnes qui s'attaquent à la bourgeoisie et s'élèvent contre un système vicié par l'injustice et les partis pris. L'adaptation théâtrale de Jean Genet, *Les Bonnes*, s'achève par un sororicide qui consacrerait « le désastre d'une relation de similitude extrême, littéralement invivable », comme l'analyse Agnès Mannooretonil[22]. Celle-ci explique que « la relation en miroir qu'elles nourrissent [...] les pousse à un point d'exaspération de leur ressemblance qui ne peut s'achever que dans le meurtre ». Genet révèle ainsi la dimension sacrée de la relation entre sœurs « où se mêlent pour le pire le même et l'autre. L'origine de la violence fratricide y apparaît sous ses deux visages : refus de l'autre et refus du semblable ».

Le *modus operandi* des sœurs Papin a, lui aussi, ses antécédents mythologiques. Il rappelle le terrible démembrement

20 Arlette Farge, « L'espace public de la criminalité féminine », *in* Loïc Cadiet, Frédéric Chauvaud, Claude Gauvard, Pauline Schmitt Pantel et Myriam Tsikounas (dir.), *Figures de femmes criminelles. De l'Antiquité à nos jours*, éditions de la Sorbonne, 2010, p. 19-25.

21 Simone de Beauvoir, *La Force de l'âge*, tome 1, Gallimard, 1982.

22 Agnès Mannooretonil, « La sororité, pour quoi faire ? », article cité.

infligé à Penthée, roi de Thèbes, par Agavé, sa mère, et ses tantes, sujettes au délire et ostracisées par un Dionysos vengeur. Même charnier provoqué par les trois filles du roi Minyas – elles aussi châtiées par Dionysos – qui, devenues folles, commettent le plus impardonnable des infanticides : le dépeçage du fils de l'une d'elles. Plus célèbre encore est le crime des Danaïdes, que raconte Eschyle dans ses *Suppliantes* : crime collectif qui implique quarante-neuf sœurs s'échappant d'Égypte pour fuir leur union avec leurs quarante-neuf cousins. Contraintes au mariage, elles décapiteront leurs maris pendant leur nuit de noces, toutes sauf une, Hypermnestre, qui épargne le sien. Leur châtiment sera éternel : aux Enfers, elles essaient vainement de remplir des jarres percées. Aujourd'hui, elles incarnent des valeurs féministes d'une étonnante modernité : « Leur hostilité au mariage, leur dégoût des embrassements du mâle, leur haine envers leurs cousins révèlent un refus de ce qui est, pour les Grecs, le rôle dévolu à la femme. En Grèce ancienne, les filles qui courent, comme Atalante la chasseresse, sont des filles qui fuient la sexualité. Elles sont dans leur tort[23]. »

La mythologie regorge donc de figures de femmes criminelles, agissant en meute, entre sœurs, et défendant des motifs souvent avant-gardistes et féministes. Loin de moi l'idée d'absoudre les sœurs Papin, mais force est de constater que les crimes de sœurs qui marquèrent l'histoire et la mythologie furent des crimes d'émancipation,

23 Françoise Frontisi-Ducroux, « Mythe et tragédie : épouses et mères sanglantes », *in* Loïc Cadiet, Frédéric Chauvaud, Claude Gauvard, Pauline Schmitt Pantel et Myriam Tsikounas (dir.), *Figures de femmes criminelles. De l'Antiquité à nos jours*, *op. cit.*

de protection mutuelle, souvent contre des oppresseurs.

Je voudrais terminer ici sur un dernier exemple, qui me semble être le plus symptomatique du genre : le mythe de Philomèle et Procné. Procné est la grande sœur de Philomèle, elle a épousé le roi de Thrace et se languit de sa cadette depuis son mariage. Elle demande donc à son mari d'aller la chercher pour la ramener dans son palais. Le mari s'y emploie, mais trouve Philomèle si attirante qu'il la viole sur le chemin du retour, puis lui coupe la langue et l'abandonne dans une bergerie. De retour dans le royaume de Thrace, il ment à sa femme et lui annonce que sa jeune sœur est décédée durant le voyage. C'était compter sans la détermination de Philomèle, qui tisse une toile dont le motif informe Procné du crime de son mari. Celle-ci, pour se venger, tue son propre fils, le découpe en morceaux, le fait cuire et le sert à manger à son époux. Lorsque celui-ci découvre le macabre stratagème, il tente de tuer Procné et Philomèle, mais les deux se sauvent et se métamorphosent : l'une en rossignol, l'autre en hirondelle. La découverte de ce mythe m'a marquée à la fois pour sa violence et sa modernité. Repris par Ovide, La Fontaine ou Chrétien de Troyes, il reste relativement méconnu, en dépit de son étonnante actualité. Il aurait pu prendre une résonance particulière à l'automne 2017. Philomèle et Procné sont, d'une certaine manière, les lointaines ancêtres de Rose et Alyssa. De la toile bien réelle que l'une tissa pour informer sa sœur des crimes de son mari, jusqu'à la toile immatérielle sur laquelle se déploieront les dizaines de milliers de « moi aussi » – on retrouve un même réseau émancipateur pour mes sœurs.

7. LIBÉRÉES, DÉLIVRÉES : DE ROBIN MORGAN À LA REINE DES NEIGES

Sororité : Un mot plutôt joli, quatre syllabes rondes, souriantes, qui en cercle susurrent la possibilité d'une union féministe en milieu naturel.

Chloé Delaume, *Mes bien chères sœurs*, 2019

Venons-en maintenant aux liens ambivalents que le terme « sororité » entretient avec toutes celles dont on a parlé jusqu'à maintenant. Si le mot « sœur » est largement employé dans le répertoire féministe depuis les années 1970, les références explicites à des figures de sœurs biologiques ou civiles, comme à leurs expériences vécues, sont rares voire inexistantes. Mes sœurs sont les grandes absentes d'une grammaire qui a longtemps, et à raison, fui tout essentialisme ou retour à un état « naturel » – car c'est bien de cette présumée nature que se prévaut tout système oppressif qui s'abat sur les femmes. Comme si leur affiliation aux structures familiale et patriarcale les disqualifiait par avance. Soupçonnées d'accointance avec l'ennemi, elles sont maintenues à distance. Contrôle à l'entrée. Simone, d'accord, mais avec Zaza, l'amie, pas Hélène, la petite sœur. Immense paradoxe d'une sororité construite loin des sœurs qui l'ont pourtant baptisée.

Soyons claire, je ne dénonce pas là une quelconque posture idéologique concertée – aucune féministe n'a sciemment proclamé le bannissement des sœurs biologiques. J'essaie plutôt de mettre au jour une lacune, d'en comprendre les moteurs, aussi légitimes qu'inconscients, afin de réintégrer les sœurs au formidable concert de la sororité.

Réhabiliter cette figure dans le discours féministe n'est pas un acte de validation de la société patriarcale, mais l'un de ses plus stimulants détournements. En érigeant les sœurs en modèle, on ne consent pas au système : on l'atomise de l'intérieur. Dernier verrou qu'il fallait faire sauter, premiers exemples vers lesquels nous tourner. Nous l'avons vu avec Simone et Hélène de Beauvoir. C'est bien au sein même d'une famille bourgeoise du début du XXe siècle que se forgent les prémices d'une révolution féministe. C'est la conscience partagée des injustices frappant les petites filles dès l'enfance – en l'occurrence, les petites sœurs – qui éveille l'engagement, qui nourrit la révolte. Libérer sa petite sœur d'abord, pour délivrer toutes les autres ensuite. Cette réhabilitation permet une plongée vivifiante dans l'expérience vécue d'un féminin pluriel millénaire. Elle remet le concept de sororité à hauteur de femmes – et d'hommes. Car si la sororité est un idéal à atteindre, une forme d'abstraction que l'on tente, tant bien que mal, d'affirmer comme principe d'action, l'état de sœur est une expérience concrète, avec tous ses dysfonctionnements et ses défauts, ses forces et ses succès. Reconnaître ces deux dimensions – la reluisante et la défectueuse –, les accepter et les comprendre, permet d'approcher une sororité à taille humaine, intrinsèquement branlante et imparfaite, et pourtant bien réelle.

C'est tout l'objet de ce dernier chapitre : émanciper les sœurs du carcan dans lequel on les a enfermées, en faire de nouvelles figures de proue.

Cours, petite sœur, les avant-gardes sont derrière toi

Revenons aux défaillances de la langue. J'ai démarré par là, et je bute, au terme de ma réflexion, sur la même aporie du langage. Au moment où « sororité » prend la poussière dans nos vieux dictionnaires, les Anglo-Saxonnes forgent, en 1970, le concept de *sisterhood* dans un livre fondateur : *Sisterhood is Powerful: An anthology of writings from the Women's Liberation Movement*. Dirigé par l'autrice et militante américaine Robin Morgan, l'ouvrage rassemble les contributions de grandes figures du féminisme de l'époque – de Kate Millett, autrice de *La politique du mâle* (*Sexual Politics*, 1970), à la militante et élue démocrate Eleanor Holmes Norton, en passant par la poétesse et romancière Marge Piercy –, contributions multiples entrecoupées d'extraits de la NOW Bill of Rights (la déclaration des droits de l'Organisation nationale des femmes américaines), du *SCUM Manifesto*[1], de W.I.T.C.H.[2] et du Black Women's Liberation Group de Mount Vernon.

1 Le *SCUM Manifesto* (SCUM étant l'acronyme de Society for Cutting Up Men, « Société pour émasculer les hommes » en français) est un ouvrage de l'autrice féministe radicale Valérie Solanas, écrit en 1967.

2 Women's International Terrorist Conspiracy from Hell (« Conspiration féminine internationale de l'enfer » en français) est le nom commun que s'étaient donné plusieurs groupes féministes socialistes américains à la fin des années 1960.

L'anthologie s'achève sur de jouissifs exercices de « karaté verbal »[3].

L'expression « *Sisterhood is powerful* » avait été introduite dans la grammaire féministe américaine deux ans plus tôt, en 1968, par l'autrice Kathie Sarachild, lors d'un congrès organisé par les New York Radical Women. Sarachild brandissait alors ce slogan, sans se douter qu'elle inaugurait une petite révolution. Le terme *sisterhood* continuera d'être utilisé par les féministes de la troisième vague, tout en provoquant son lot d'interrogations et de débats – chez bell hooks, par exemple, qui la première en dénonça l'hypocrisie ou l'incomplétude, tout en refusant, dans *De la marge au centre* (1984), de le jeter aux oubliettes : « Le fait d'abandonner l'idée de la sororité comme expression de la solidarité politique a pour conséquence d'affaiblir le mouvement féministe et de le faire régresser. »

En France, le chemin est plus heurté. Pourtant, on le sait, « sororité » n'est pas un néologisme barbare. Il était chez Rabelais, chez les saint-simoniennes et chez les scouts – avec sa variante « sestralité », traduction de l'anglais *sisterality*, issu de *sister* et *solidarity*. Mais dès qu'il réapparaît, on en bride l'utilisation. Moqué, ostracisé, inusité, il n'existe pas vraiment. Et la réalité qu'il décrit est plus absente encore.

---

3 Deux autres anthologies seront publiées par la suite, gravant ce terme de *sisterhood* dans le marbre du féminisme contemporain : en 1984 d'abord, avec *Sisterhood Is Global: The International Women's Movement anthology*, puis en 2003, avec *Sisterhood Is Forever: The women's anthology for a new millennium*.

C'est avec le MLF qu'il va progressivement revenir, dans les années 1970. On ne parle pas encore de sororité, mais la « sœur » est brandie comme timide étendard féministe. On la retrouve dans l'éphémère revue *Le torchon brûle*, qui paraît entre 1970 et 1973. En 1972, dans son deuxième numéro, la revue immortalise l'hymne du mouvement: « Seules dans notre malheur, les femmes / L'une de l'autre ignorée / Ils nous ont divisées, les femmes / Et de nos sœurs séparées. » C'est dans le cinquième et avant-dernier numéro, en 1973, que le mot de sœur est le plus présent[4], comme dans ce poème de Cathy Bernheim, *L'amante religieuse*, où il est question de « ma femme, ma semblable, ma sœur » – un poème illustré par Gille Wittig, sœur de Monique (j'en reviens à mon indémêlable *tous les chemins mènent aux sœurs*[5]). J'invite toutes mes lectrices et lecteurs à consulter les versions numérisées du *Torchon brûle*[6], merveilles de poésie, d'humour et de courage politique. La créativité de la mise en page, son audace, sa beauté ringardisent beaucoup de nos journaux et magazines. Pourtant,

4 Un extrait du numéro 5, sur les groupes de prise de conscience féministe: « Il faut entre huit mois et un an pour que les membres d'un groupe se fassent réellement confiance, se respectent, s'aiment. Cela semble long, en fait non, lorsque nous considérons le nombre d'années pendant lesquelles on nous a appris à mépriser nos sœurs. » Dans ce même numéro, on parle régulièrement des « sœurs » du MLF.

5 Sur les sœurs Wittig, notons un parcours qui rappelle ceux des Beauvoir et des Stephen: Monique et Gille étaient toutes deux engagées dans le MLF et parmi les membres fondatrices de la revue *Le torchon brûle*, la première écrivant, la seconde dessinant – et l'aînée, quoiqu'encore peu connue du grand public, est davantage passée à la postérité que sa cadette.

6 Ils sont tous accessibles sur le site https://femenrev.persee.fr/, avec un travail éditorial important réalisé par Marine Gilis, Barbara Meazzi et Nadja Ringart, qui ont notamment retrouvé l'identité des signataires – le principe de la revue était d'anonymiser l'ensemble des contributions.

en 2024, lorsque vous cherchez sur Google les mots clés « le torchon brûle + sœurs », les premiers résultats nourrissent tous les travers que la revue du MLF tentait de défaire : un article de *Vanity Fair* relatif au différend qui oppose Meghan Markle et sa demi-sœur Samantha (« Le torchon brûle entre les deux sœurs ») ; idem entre la présentatrice météo Catherine Laborde et sa sœur (« Entre Catherine Laborde et sa sœur, le torchon brûle ») ; et le meilleur pour la fin, « Le torchon brûle toujours entre les sœurs Halliwell : Alyssa Milano nie avoir poussé au licenciement de Shannen Doherty ».

Revenons à nos années 1970 et aux efforts du MLF pour faire passer la sororité d'objet de la discorde à cri de ralliement. Le mouvement détourne alors les slogans de 1968 pour inclure celles trop souvent restées à la porte des révolutions : « Cours, petite sœur, les avant-gardes sont derrière toi », écrivent-elles en 1975, reprenant la formule « Cours, camarade, le vieux monde est derrière toi ».

Liberté, égalité, sororité ?

« La petite sœur féministe qui remplace le camarade gauchiste sera celle qui, pleine du pouvoir offert par la sororité nouvelle, sera capable de créer le monde de demain [...], doublant, sur sa gauche, l'avant-garde des grands frères, sans doute trop patriarcale », écrit Geneviève Fraisse, dans la préface d'un ouvrage éclairant sur ce sujet de la chercheuse Bérengère Kolly[7]. Si la petite sœur fémi-

7 Geneviève Fraisse, « Cours, petite sœur, les avant-gardes sont derrière toi », préface à : Bérengère Kolly, *« Et de nos sœurs séparées... » : lectures de la sororité*, Lussaud, 2012.

niste remplace le camarade gauchiste, comment la sororité se situe-t-elle par rapport à l'hégémonique fraternité ? « Fraternité existe, sororité aussi. Utiliser ce mot, c'est modifier l'avenir », nous dit Chloé Delaume dans *Mes bien chères sœurs*. Utilisons-le, mais que voulons-nous lui faire dire ? Quelque chose que la fraternité ne dit pas, ou qu'elle dit mal ; mais certainement pas son simple décalque au féminin.

La fraternité, celle de notre devise nationale, s'est forgée dans l'idéal révolutionnaire, elle est le rejeton sanglant des révoltes, elle trimballe son ambivalent bagage de luttes, de violences et de sang. « Sois mon frère ou je te tue », écrivait le moraliste Chamfort pour résumer l'esprit révolutionnaire[8]. « La fraternité ou la mort », clamait encore la devise de la Terreur. Le concept s'est éloigné de ses fondements belliqueux, mais reste indissociable de cette identité guerrière. N'oublions pas non plus que cette fraternité, qui se revendique de l'universel, s'est construite sans les femmes : la révolution de 1848, qui marque l'adoption de notre devise, a bien instauré un suffrage dit universel… qui a créé une communauté politique uniquement masculine. Au-delà de son origine martiale et de son exclusion des femmes, la notion porte une autre faiblesse, qui émane non plus de ses sources politiques mais de son affiliation religieuse. Si l'on remonte à la fraternité chrétienne, il s'agit d'une fraternité construite par rapport à Dieu le Père, une relation où les frères restent éternellement des

8 Cité par Alexandre de Vitry, *Le droit de choisir ses frères ? Une histoire de la fraternité*, Gallimard, 2023.

fils, où la verticalité primera toujours sur l'horizontalité. Ce réseau des frères n'existe que dans son rapport à un être supérieur, indépassable.

Il serait néanmoins trop simple de penser que la fraternité est une notion mal née, insauvable, et que la sororité, exemptée de cette ascendance ambiguë, pourrait se construire sur des bases plus égalitaires, saines et durables. Comme l'explique la politiste et historienne Ilana Eloit: « Le problème de la sororité, comme de la fraternité, c'est que c'est une fiction politique qui part du principe que toutes les femmes sont semblables, comme ce fameux citoyen qui a été pensé au moment de la Révolution française: un sujet abstrait, sans particularités. C'est une position utile, puisque ça permet donc de construire un mouvement, de dire "nous". Mais ça peut être dangereux, parce que ça invisibilise des différences et cela reproduit des hiérarchies internes en faisant croire qu'elles n'existent pas[9]. » bell hooks écrivait peu ou prou la même chose dans les années 1970, et d'autres voix ont dénoncé les défauts d'un mouvement qui se serait construit sur des bases partielles et excluantes. Ce qui m'intéresse particulièrement dans la phrase d'Ilana Eloit, c'est cette notion de « fiction politique ». Penser la sororité par le prisme de l'expérience vécue des sœurs, c'est aussi l'extraire de son univers fictionnel, conceptuel. Certes, cette approche ne résout pas tous les écueils – en particulier la capacité à englober toutes les origines sociales, les couleurs de

9 Marion Dupont, « La "sororité" n'est-elle qu'une fraternité au féminin ? », *Le Monde*, 4 mars 2020.

peau ou les orientations sexuelles –, mais elle donne à voir une part de sa réalité concrète. Elle lui donne chair. Elle ne part plus de la fiction politique comme horizon à atteindre, mais des expériences individuelles et collectives, avec leurs succès, comme leurs inévitables défauts.

L'une des premières en France à en avoir fourni un « guide pratique », un manifeste incarné, est certainement Chloé Delaume dans *Mes bien chères sœurs*, cité plus haut. Pour elle, la sororité est « une relation horizontale, sans hiérarchie ni droit d'aînesse. Un rapport de femme à femme », mais aussi et peut-être surtout une « éthique de vie », une « hygiène mentale » qui modifie votre rapport au quotidien, demande des efforts, un travail sur soi. La sororité chez Delaume n'est plus une abstraction ni un idéal à atteindre, mais bien une manière d'être, un mode de vie, un état : « L'état de sœur neutralise l'idée de domination, de hiérarchie, de pyramide. » « Mon amie inconnue : pas mon enfant, ma sœur. »

La Reine des sœurs

Décembre 2013. Quelques semaines après sa sortie tonitruante aux États-Unis, le public français découvre le 128e long-métrage d'animation des studios Disney : *La Reine des neiges*. La reine du titre, c'est Elsa, jeune souveraine vivant recluse loin de son royaume d'Arendelle, qu'elle cherche à protéger d'un incontrôlable pouvoir qui la conduit à transformer en glace tout ce qui l'entoure. Elsa a une petite sœur, Anna, qui l'aime profondément et ne comprend pas les raisons de son exil. Elle a bien eu connaissance de ses pouvoirs, elle en a même été victime enfant, mais leurs parents ont voulu effacer de sa mémoire ce souvenir traumatique par l'entremise de gentils trolls. Anna, ignorant les dangers, décide donc de partir en quête de sa sœur, accompagnée d'un cortège saugrenu composé d'un trappeur nommé Kristoff, de son souriant renne, Sven, et d'un bonhomme de neige qui rêve de soleil, Olaf. Attention spoiler. Après moult péripéties, Anna finit par retrouver Elsa, mieux encore, elle parvient à la guérir de sa malédiction. Son remède ? L'amour qu'elle lui porte, avec lequel aucun homme ne peut rivaliser.

Cinquante-quatre ans après le baiser de *La Belle au bois dormant*, soixante-seize ans après celui de *Blanche-Neige*, Disney opère une petite révolution en valorisant, dans son dénouement, la puissance de l'amour… entre sœurs. Les princes et l'amour hétérosexuel ne sont plus au centre du jeu – les personnages masculins occupent d'ailleurs tous des rôles risibles ou subalternes. Les parents, évoqués au tout début du film et au détour de quelques flashbacks, restent secondaires ; la relation parentale verticale est désinvestie, au profit de la relation sororale horizontale. Pour l'essayiste Eddy Chevalier, le château d'Arendelle, entouré d'eau et situé au cœur d'une vallée, est un « îlot anti-phallique pétri de féminité » où « la sœur biologique est également la sœur d'armes dans un combat contre la misogynie et la société patriarcale »[10].

En 2013, j'ai vingt et un ans : plus tout à fait l'âge d'aller voir les films Disney au cinéma, et pas encore celui

10 Eddy Chevalier, « "La Reine des neige" de Disney est le film le plus sexuel de l'année », *Le Nouvel Obs*, décembre 2013.

d'y emmener mon hypothétique progéniture. Du film je connais vaguement l'intrigue – de jolies princesses dans le grand froid, rien de révolutionnaire –, mais je retiens surtout le supplice vécu par tous les parents subissant l'écoute répétée de sa bande-son, et en particulier du titre *Libérée, délivrée*, qui a traumatisé toute une génération de jeunes adultes et ravi toute une génération d'enfants. C'est dix ans plus tard que je devais le visionner pour la première fois. J'y trouvai non pas la conclusion de ce livre mais l'une de ses stimulantes lignes de fuite. Histoire de sororité à portée de petites filles (et aussi, j'en suis convaincue, de petits garçons[11]), le film ne renonce pas aux fondamentaux qui ont fait le succès de Disney depuis un siècle. On pourra en outre lui reprocher un certain classicisme sur beaucoup d'aspects, ne serait-ce que sur le physique des princesses, toujours aussi stéréotypé, mais il renouvelle brillamment les codes, la conclusion, et parvient à générer de nouveaux modèles[12]. Le mouvement #MeToo n'était pas encore passé par là, mais lors de la sortie – plus triomphante encore – du deuxième opus en 2019, on associera au film le terme de sororité[13]. Cette sororité-là, elle fait

11 Plusieurs études se sont intéressées à l'impact du dessin animé sur la perception de l'égalité femmes/hommes par tous les enfants, quel que soit leur sexe. Avant d'être une histoire de sororité, c'est une histoire de fratrie, dont les ressorts peuvent tout à fait parler à deux frères, ou à un frère et une sœur, qui traversent les mêmes complicités, les mêmes jalousies, les mêmes frustrations.

12 L'évolution des héroïnes de Disney s'est faite de manière progressive, et Elsa s'inscrit dans une lignée de personnages féminins de plus en plus émancipés, comme Pocahontas, Mulan ou Merida dans *Rebelle*, héroïnes combatives dont les occupations dépassent l'attente d'un prince et qui peuvent entretenir des rapports conflictuels avec leurs parents.

13 « *La Reine des Neiges 2*: le triomphe de la sororité », titrent *Les Inrocks* en novembre 2019.

rêver des millions de petites filles dans le monde entier. Des tracts clandestins diffusés sous le manteau dans le New York des années 1970, la sororité investit la culture américaine de masse et s'introduit dans son produit le plus prescripteur et le plus formateur d'imaginaires: le long-métrage d'animation. Une introduction loin de se faire de façon discrète ou marginale, puisque *La Reine des neiges* est le plus grand succès au box-office mondial pour un film d'animation, franchissant le seuil du milliard de dollars de recettes, record que seul dépassera ensuite... *La Reine des neiges 2*.

Les jeunes spectatrices âgées de quatre à seize ans en 2013 ont entre huit et vingt ans en 2017. Elles ont entre quinze et vingt-sept ans aujourd'hui. Elles ont peut-être lu Chloé Delaume, entendu *Ma sœur* de Clara Luciani, vu le merveilleux film *Divertimento* de Marie-Castille Mention-Schaar (l'histoire vraie de deux sœurs jumelles françaises d'origine algérienne, l'une cheffe d'orchestre, l'autre violoncelliste). J'aime à penser que leur génération est celle d'une sororité spontanée, où les relations entre sœurs ne sont plus celles qu'entretenaient Cendrillon et les affreuses Javotte et Anastasie. Dans les évolutions sociales et culturelles de ces dix dernières années, *La Reine des neiges* est un petit adjuvant, comme le sont tous les exemples que je viens de citer. Petits mais déterminants quand on les met côte à côte, qu'on les réunit et qu'on leur donne du sens. La sororité, pour cette génération, n'est plus un obscur barbarisme mais un nom commun familier. Tâchons de le conserver.

CONCLUSION
LA CITÉ DES SŒURS

1405. Cette année-là, dans la France médiévale de Charles VI, un drôle d'objet littéraire bouscule les codes et les dogmes de son époque. Drôle d'objet à la naissance improbable, puisqu'il est l'œuvre d'une femme, qui signe en son nom propre et se targue de bâtir une cité livresque sans hommes : *La Cité des dames*. L'architecte de cette étonnante cité se nomme Christine de Pizan. Fille d'un physicien italien appelé auprès du roi, elle passe le reste de sa vie en France, où elle se marie et élève trois enfants. Veuve à vingt-cinq ans, elle décide de se consacrer à la poésie et à la philosophie.

C'est à la lecture des *Lamentations* de Matheolus, brûlot misogyne qui connut une grande fortune en son temps, que l'idée de son livre vient à Christine de Pizan. Dépitée par l'image des femmes que relaient ses illustres contemporains masculins, la narratrice voit apparaître trois bonnes fées, trois sœurs : dame Raison, dame Droiture et dame Justice. Toutes trois l'invitent à construire une « citadelle hautement fortifiée » dans laquelle « les dames et autres femmes méritantes puissent désormais avoir une place forte où se retirer et se défendre ». *La Cité des dames* est née. La métaphore architecturale sera filée tout au long de l'ouvrage, Christine de Pizan établissant d'abord, avec l'aide de Raison, les fondations et les murs, puis, appuyée par Droiture, les bâtiments, avant d'achever, sous la protection de Justice, les finitions et le peuplement de sa Cité. À chacune des trois étapes, elle associe des femmes illustres : les reines Zénobie[1], Sémiramis[2], Frédégonde[3] ou Blanche de Castille ; les femmes d'art et de sciences Cornificia, Probe la Romaine, Sappho, Minerve ; les guerrières, les Amazones et les Sabines… En tout, elles sont plus d'une centaine à habiter ses pages et la nouvelle Cité. À la fin du livre, Christine de Pizan peut alors conclure, s'adressant à celles qu'elle qualifie de sœurs : « Voici notre Cité bâtie et parachevée. Vous toutes qui aimez la vertu, la gloire et la renommée y serez accueillies dans les plus grands honneurs, car elle a été fondée et construite pour toutes les femmes honorables – celles de jadis, celles d'aujourd'hui et celles de demain. Mes très chères sœurs, il est naturel que le cœur humain se réjouisse lorsqu'il a triomphé de quelque agression et qu'il voit ses ennemis confondus. Vous avez cause désormais, chères amies, de vous réjouir honnêtement sans offenser Dieu ni les bienséances, en contemplant la perfection de cette nouvelle Cité qui, si vous en prenez soin, sera pour vous toutes (c'est-à-dire les femmes de bien) non seulement un refuge, mais un rempart pour vous défendre des attaques de vos ennemis. » Alors, oui, nous sommes en 1405 et les valeurs défendues par Christine sembleront, à la lectrice d'aujourd'hui, d'un archaïsme et d'un conservatisme surannés. Mais sa

1 Reine de Palmyre (240-275).
2 Reine légendaire de Babylone.
3 Reine des Francs (545-597).

démarche, d'un féminisme précoce, apparaît malgré tout d'une étonnante modernité.

Découvrir cette Cité alors que j'étais moi-même engagée dans la construction d'un château avait quelque chose d'excitant et de désespérant à la fois. Excitant pour l'analogie architecturale, le désir et le pouvoir de construire. Désespérant lorsqu'on constate la pérennité des travers dénoncés par l'autrice médiévale. Comme l'écrivent Thérèse Moreau et Éric Hicks dans la préface de l'ouvrage : « L'étonnant est donc moins la précocité de son message, l'intelligence de son argumentation, que la constance de la bêtise, la ténacité des adversaires, la vitalité des arguments les plus éculés. »

Dans les pas de Christine de Pizan, j'achève ainsi, sous ses auspices, la construction de mon château. Plutôt que les évanescentes Droiture, Raison ou Justice, je me suis entourée de bâtisseuses, d'héritières et de passeuses. Inspirée par les muses et les Pléiades, les livres de Simone, de Virginia et des Brontë, découvrant les toiles d'Hélène de Beauvoir, écoutant la musique de Nadia et Lili Boulanger, des Pointer Sisters et de Beyoncé. Entourée de mes propres sœurs. Les portes de mon château sont grandes ouvertes, chacune a sa chambre, mais, quand il le faut, on peut dormir à trois ou quatre dans le même lit. Entorse majeure à la tradition pizanienne, on peut y faire entrer les hommes qu'on aime et qui nous respectent : frères, pères, amis, amants. À l'intérieur, on rit, on s'aime, on se déchire, on s'engueule, on s'en veut et on pleure. On en sort parfois, on veut vivre sans. On croit vivre mieux dehors, ailleurs. Et un jour, on pousse à nouveau la porte, on la franchit et, sans vraiment savoir pourquoi, on s'y sent à sa place et on s'appelle « bien chères sœurs ».

SOURCES

Corpus

Livres

ACREMANT Germaine, *Ces dames aux chapeaux verts*, 1921

ALCOTT Louisa May, *Les Quatre Filles du docteur March*, 1868

AUSTEN Jane, *Orgueil et préjugés*, 1813

BALZAC (DE) Honoré, *Le Père Goriot*, 1935

BEAUVOIR (DE) Simone, *Le Deuxième Sexe*, Gallimard, 1949

—, *Mémoires d'une jeune fille rangée*, Gallimard, 1958

—, *La Force de l'âge*, tome 1, Gallimard, 1982

BRONTË Charlotte, Emily, Anne et Patrick Branwell, *Le Monde du dessous. Poèmes et proses de Gondal et d'Angria*, traduit par Patrick Reumaux, Anabet, 2006; rééd., Les Belles Lettres, 2021

DAAS Fatima, *La Petite Dernière*, Noir sur blanc, 2020

DELAUME Chloé, *Mes bien chères sœurs*, Seuil, 2019

ERNAUX Annie, *L'Autre Fille*, Gallimard, 2023

FERDJOUKH Malika, *Quatre sœurs*, série en quatre tomes, L'École des loisirs, 2003

LAURENS Camille, *Fille*, Gallimard, 2020

LAWRENCE D. H., *L'Amant de lady Chatterley*, 1928

NOTHOMB Amélie, *Biographie de la faim*, Albin Michel, 2004

—, *Le Livre des sœurs*, Albin Michel, 2022

PIZAN (DE) Christine, *La Cité des dames*, 1405

SADE (MARQUIS DE), *La Nouvelle Justine ou les Malheurs de la vertu*, 1799

SÉGUR (COMTESSE DE), *Les Petites Filles modèles*, 1858

TANIZAKI Jun'ichirō, *Quatre sœurs* [1943-1948], traduit par Gaston Renondeau, Gallimard, 1964

VIRGILE, *L'Énéide*

Théâtre

GENET Jean, *Les Bonnes*, 1947

SHAKESPEARE William, *Macbeth*, entre 1599 et 1606

—, *Le Roi Lear*, entre 1603 et 1606

TCHEKHOV Anton, *Les Trois Sœurs*, 1901

Films

ALDRICH Robert, *Qu'est-il arrivé à Baby Jane ?*, 1962

ALLEN Woody, *Hannah et ses sœurs*, 1986

BUCK Chris et LEE Jennifer, *La Reine des neiges*, 2013

CAPRA Frank, *Arsenic et vieilles dentelles*, 1944

CHADWICK Justin, *Deux sœurs pour un roi*, 2008

CLOUZOT Henri-Georges, *La Vérité*, 1960

COPPOLA Sofia, *Virgin Suicides*, 1999

—, *Marie-Antoinette*, 2006

DEMY Jacques, *Les Demoiselles de Rochefort*, 1967

DESPLECHIN Arnaud, *Frère et sœur*, 2022

DONZELLI Valérie, *L'Amour et les Forêts*, 2023

DUCOURNAU Julia, *Grave*, 2016

GAMZE ERGÜVEN Deniz, *Mustang*, 2015

GERWIG Greta, *Les Filles du docteur March*, 2019

MENTION-SCHAAR Marie-Castille, *Divertimento*, 2022

O'CONNOR Frances, *Emily*, 2022

Ozon François, *Huit femmes*, 2002
Roy Jean-Claude, *Les Petites Filles modèles*, 1971
Téchiné André, *Les Sœurs Brontë*, 1979
Thompson Danièle, *La Bûche*, 1999
Truffaut François, *Les Deux Anglaises et le Continent*, 1971
Vadim Roger, *Le Vice et la Vertu*, 1963
Wright Joe, *Orgueil et préjugés*, 2005

Séries

Armstrong Jesse, *Succession*, 2018-2023
Burge Constance M., *Charmed*, 1998-2006
Frost Mark et Lynch David, *Twin Peaks*, 1990-1991, 2017
Landon Michael, *La Petite Maison dans la prairie*, 1974-1983
Waller-Bridge Phoebe, *Fleabag*, 2016-2019

Bibliographie

Bacqué Raphaëlle et Schneider Vanessa, *Successions. L'argent, le sang et les larmes*, Albin Michel, 2022

Balzac (de) Honoré, *Pensées, sujets, fragments*, texte établi par Jacques Crépet, A. Blaizot, 1910

bell hooks, *De la marge au centre* [1984], traduit par Noomi B. Grüsig, Cambourakis, 2017

Benedek (von) Lisbeth, *Frères et sœurs pour toujours. L'empreinte de la fratrie sur nos relations adultes*, Eyrolles, 2019

Bertière Simone, *Marie-Antoinette, l'insoumise*, tome 4 des *Reines de France au temps des Bourbons*, éditions de Fallois, 2002

Bertin-Élisabeth Cécile, « Les Nardal : Textes, co-textes, contextes », *Fédérer Langues, Altérités, Marginalités, Médias, Éthique*, n° 1, 2021

BESSIÈRE Céline et GOLLAC Sibylle, *Le genre du capital. Comment la famille reproduit les inégalités*, La Découverte, 2020

BING Wang, *Les Trois Sœurs du Yunnan* (film documentaire), 2012

BOISSINOT Éléonore, *Les sœurs Pathan* (film documentaire), 2023

BRUSSET Bernard, « Le lien fraternel et la psychanalyse », *Revue française de psychanalyse*, vol. 72, n° 2, 2008

CADIET Loïc, CHAUVAUD Frédéric, GAUVARD Claude, SCHMITT PANTEL Pauline et TSIKOUNAS Myriam (dir.), *Figures de femmes criminelles. De l'Antiquité à nos jours*, éditions de la Sorbonne, 2010

CANNONE Belinda et DOUMET Christian (dir.), *Dictionnaire des mots manquants*, éditions Thierry Marchaisse, 2016

CHÂTEAU Jean, *Le jeu de l'enfant. Après trois ans, sa nature, sa discipline. Introduction à la pédagogie*, J. Vrin, 1946

CHEVALIER Eddy, « "La Reine des neige" de Disney est le film le plus sexuel de l'année », *Le Nouvel Obs*, décembre 2013

CHOLLET Mona, *Beauté fatale. Les nouveaux visages d'une aliénation féminine*, Zones, 2012

—, *Sorcières. La puissance invaincue des femmes*, Zones, 2018

COLLET Anne, « Le Pendjab, champion indien de la disparition des filles », *Courrier international*, 3 mars 2006

CRENNER Emmanuelle, DÉCHAUX Jean-Hugues et HERPIN Nicolas, « Le lien de germanité à l'âge adulte : une approche par l'étude des fréquentations », *Revue française de sociologie*, vol. 41, n° 2, 2000

CROM Nathalie, « La romancière Nancy Mitford : humour féroce et folle famille », *Télérama*, 7 mai 2019

CUMMING Elaine et SCHNEIDER David M., « Sibling solidarity: A property of American kinship », *American Anthropologist*, vol. 63, n° 3, juin 1961

DEHAIS Béatrice, « Il manque 100 millions de femmes en Asie », *Alternatives économiques*, vol. 245, n° 3, 2006

DELAUME Chloé (dir.), *Sororité*, Points, 2021

DUPONT Marion, « La “sororité” n'est-elle qu'une fraternité au féminin ? », *Le Monde*, 4 mars 2020

EL MAKKI Laura, *Les sœurs Brontë. La force d'exister*, Tallandier, 2017

ERNAUX Annie, *L'autre fille*, Gallimard, 2023

FATTOUM Salma et BYRNE Janice, « Bousculer les stéréotypes de genre dans les entreprises familiales », *Harvard Business Review France*, 29 juin 2023 ; 4 septembre 2023

FEASEY Rebecca, « The “Charmed” audience: Gender and the politics of contemporary culture », *The Spectator*, n° 25, 2005

FRAISSE Geneviève, « Cours, petite sœur, les avant-gardes sont derrière toi », préface à : Bérengère Kolly, *« Et de nos sœurs séparées... » : lectures de la sororité*, Lussaud, 2012

GIANINI BELOTTI Elena, *Du côté des petites filles* [1973], éditions des Femmes, 1974

GLEVAREC Hervé, *La culture de la chambre. Préadolescence et culture contemporaine dans l'espace familial*, ministère de la Culture - DEPS, 2010

GOUESSE Jean-Marie, « Épouser les deux sœurs », *Annales de Normandie*, n° 1, 1982

GROLLEMUND Philippe, *Fiertés de femme noire. Entretiens/mémoires de Paulette Nardal*, L'Harmattan, 2019

GROULT Benoîte, *Ainsi soit-elle*, Grasset, 1975

GUERITHAULT Auriane, « “L’autre Beauvoir” : Hélène, artiste peintre et sœur de Simone de Beauvoir », série *Les frères et sœurs oublié·es de l’histoire*, France Culture, 24 août 2024

HÉRITIER Françoise, *Les deux sœurs et leur mère. Anthropologie de l’inceste*, Odile Jacob, 1994

HYMANS Jacques Louis, *Léopold Sédar Senghor: An intellectual biography*, Edinburgh University Press, 1971

JAMOUS Raymond, *La relation frère-sœur. Parenté et rites chez les Meo de l’Inde du Nord*, éditions de l’EHESS, 1991

JONES Anna, « “Aunt with no kids”: The women redefining family roles », BBC Family Tree, 9 décembre 2021

KOCK Marie, *Vieille fille. Une proposition*, La Découverte, 2022

LANDRU-CHANDÈS Charlotte, *Le fabuleux destin des sœurs Boulanger*, série radiophonique en sept épisodes, France Musique, juillet 2023

LAROCHE-GISSEROT Florence, « Pratiques de la dot en France au XIXe siècle », *Annales*, vol. 43, n° 6, 1988

LAVIGNON Blandine, « “Ma vie était merveilleuse jusqu’au jour où j’ai appris que j’attendais une fille” : en Arménie, le tabou de l’avortement sélectif », *Libération*, 15 octobre 2023

LE GRAS Gwénaëlle, *Le mythe Deneuve. Une « star » française entre classicisme et modernité*, Nouveau monde éditions, 2010

LETT Didier, « L’histoire des frères et des sœurs », *Actualité de la recherche*, n° 34, 2011

—, « Les fratries dans l’histoire », *Informations sociales*, vol. 173, n° 5, 2012

LIPPI Silvia et MANIGLIER Patrice, *Sœurs. Pour une psychanalyse féministe*, Seuil, 2023

MANIER Bénédicte (dir.), *Quand les femmes auront disparu. L'élimination des filles en Inde et en Asie*, La Découverte, 2006 ; rééd., 2008

MANNOORETONIL Agnès, « La sororité, pour quoi faire ? », *Études*, n° 12, 2021

MASSEI-CHAMAYOU Marie-Laure, « L'économie successorale dans *Pride and Prejudice* », *XVII-XVIII. Revue de la société d'études anglo-américaines des XVIIe et XVIIIe siècles*, n°63, 2006

MEHIDI Shannah, « L'Inde "manque" de 63 millions de femmes », *Le Figaro*, 31 janvier 2018

MONNOT Catherine, *Petites filles. L'apprentissage de la féminité*, Autrement, 2013

MONTEIL Claudine, *Les sœurs Beauvoir*, éditions 1, 2003

MOREAU Thérèse et HICKS Éric, préface à : Christine de Pizan, *La Cité des dames*, Stock, 1986 ; rééd., Le Livre de poche, 2021

MORGAN Robin (dir.), *Sisterhood is Powerful: An anthology of writings from the Women's Liberation Movement*, Vintage Books, 1970

NARDAL Jeanne, « L'internationalisme noir », *La Dépêche africaine*, 1928

OST François, « Chapitre VII. Le Roi Lear. Le père de Madame », in *Shakespeare. La Comédie de la Loi*, Michalon, 2012

PEARSON Catherine, « Why your big sister resents you », *The New York Times*, 15 avril 2024

PETITFILS Jean-Christian, *Louis XV*, Perrin, 2014 ; rééd., 2018

SEHGAL Parul, « The twins obsession », *The New Yorker*, 22 janvier 2024

SEN Amartya, « More than 100 million women are missing », *The New York Review of Books*, 20 décembre 1990

SERVANT Jil, *Paulette Nardal, la fierté d'être négresse* (film documentaire), 2004

STERNLICHT Alexandra, « Charli and Dixie D'Amelio turned TikTok fame into a billionaire-backed personal brand that hinges on their personal lives », *Forbes*, 6 septembre 2022

SZAC Murielle, *L'odyssée des femmes*, L'Iconoclaste, 2023

ULONATI Laura, *Double V*, Actes Sud, 2023

VIENNOT Éliane, « L'invention de la loi salique et ses répercussions sur la scène politique de la Renaissance », *in* Capdevilla *et al.* (dir.), *Le genre face aux mutations. Du Moyen Âge au XX*e *siècle*, PUR, 2003.

VITRY (DE) Alexandre, *Le droit de choisir ses frères ? Une histoire de la fraternité*, Gallimard, 2023

VUONG Léa, « Simone de Beauvoir et Louise Bourgeois, la sororité en texte et en image », *Loxias*, n° 69, 2020

WIJETUNGE Mihiri, « Les femmes musulmanes en Inde, une double peine ? », Institut du genre en géopolitique, 16 octobre 2023

WOLFF Étienne, « Sur une interprétation de la figure des Grâces », *Littératures classiques*, vol. 60, n° 2, 2006

WOOLF Virginia, *Une chambre à soi*, 1929

—, *Instants de vie* [1972], traduit par Colette-Marie Huet, Stock, 2006

TABLE DES MATIÈRES

Collection *GENRE !*

Troubles dans le consentement. Du désir partagé au viol : ouvrir la boîte noire des relations sexuelles, Alexia Boucherie

Vagabondes, voleuses, vicieuses. Adolescentes sous contrôle, de la Libération à la libération sexuelle, Véronique Blanchard

Homoparentalités. La famille en question ?, Jérôme Courduriès et Flávio Luiz Tarnovski

Les jeunes, la sexualité et Internet, Yaëlle Amsellem-Mainguy et Arthur Vuattoux

Qui a peur des vieilles ?, Marie Charrel

Tenir sa langue. Le langage, lieu de lutte féministe, Julie Abbou

Make up. Le maquillage mis à nu, Valentine Pétry

Mangeuses. Histoire de celles qui dévorent, savourent ou se privent à l'excès, Lauren Malka

Combattantes. Quand les femmes font la guerre, Camille Boutron

Pour limiter l'empreinte environnementale de leurs livres,
Les Pérégrines font le choix de papiers issus de forêts gérées
durablement et de sources contrôlées.
Imprimé en France par Corlet en décembre 2024
sur du papier Holmen Book Extra pour l'intérieur
et Rives Tradition blanc naturel pour la couverture.

IMPRIM'VERT®

Dépôt légal : août 2024
N° d'impression : 24120573
ISSN de la collection : 2678-3584
ISBN : 979-10-252-0631-7